KB109856

돈 버는 주식은 따로 있다

돈 버는 주식은 따로 있다

발행일   2023년 4월 27일

지은이   안성운
펴낸이   손형국
펴낸곳   (주)북랩
편집인   선일영   편집   정두철, 배진용, 윤용민, 김부경, 김다빈
디자인   이현수, 김민하, 김영주, 안유경, 한수희   제작   박기성, 황동현, 구성우, 배상진
마케팅   김회란, 박진관
출판등록   2004. 12. 1(제2012-000051호)
주소   서울특별시 금천구 가산디지털 1로 168, 우림라이온스밸리 B동 B113~114호, C동 B101호
홈페이지   www.book.co.kr
전화번호   (02)2026-5777   팩스   (02)3159-9637

ISBN   979-11-6836-858-3 03320 (종이책)   979-11-6836-859-0 05320 (전자책)

잘못된 책은 구입한 곳에서 교환해드립니다.
이 책은 저작권법에 따라 보호받는 저작물이므로 무단 전재와 복제를 금합니다.
이 책은 (주)북랩이 보유한 리코 장비로 인쇄되었습니다.

(주)북랩 성공출판의 파트너

북랩 홈페이지와 패밀리 사이트에서 다양한 출판 솔루션을 만나 보세요!

홈페이지 book.co.kr   •   **블로그** blog.naver.com/essaybook   •   **출판문의** book@book.co.kr

작가 연락처 문의 ▸ ask.book.co.kr

작가 연락처는 개인정보이므로 북랩에서 알려드릴 수 없습니다.

주식투자로 수십억대 자산가가 된 성공투자자를 따라한다!
번번이 주식투자에 실패하거나 처음 입문하는 당신을 위한 투자 가이드북

돈 버는 주식은 따로 있다

안성운 지음

미래를 걸고 도박을 하지 마라!

맨손으로 주식시장에 뛰어들어 경제적 자유를 이룬 안성운은
왜 부를 누리지 않고 출장 청소부로 일할까.
올바른 마음가짐이 성공투자의 필수조건임을 몸소 보여주고 있는
그의 투자 세계로 당신을 초대한다!

※ 일러두기

본 책에 포함된 이미지 중 일부는 저작권자의 사전 허락을 받지 못했습니다.
문제 시 연락주시면 알맞은 조치를 취하겠습니다.

안성운 작가의 두 번째 저서 출간을 진심으로 축하드립니다.

첫 번째 책에 이어서, 이번 신간 『돈 버는 주식은 따로 있다』에서도 주식에 대한 안성운 작가의 따뜻한 애정과 예리한 관점을 확인할 수 있었습니다.

이 책은 우리가 왜 돈을 벌고 왜 일을 해야 하는지를 넘어서, 우리는 어떻게 주식을 바라보아야 하는지, 어떻게 주식을 활용해야 하는지, 그리고 어떻게 주식과 함께해야 하는지를 밀도 있게 보여주는 책입니다. 주식과 산업과 세상을 천천히 그리고 꾸준히 바라보며 알아가고 싶은 분들께 적극 추천합니다.

시사평론가

오창석

서점에 가면 주식투자 관련 서적들이 넘쳐납니다.

코로나 발생 이후 많은 사람들이 주식투자에 관심을 갖게 된 것은 맞지만 주식투자로 꾸준한 수익을 얻는 사람은 찾아보기 힘듭니다.

주식투자 관련 책을 읽어도 주식투자라는 것이 생소하고 어렵게만 느껴집니다.

책이 어렵게 느껴지고 잘 이해되지 않는 이유는 여러분들 잘못이 아닙니다.

책을 쓴 사람 스스로가 정확히 모르기 때문에 읽는 사람이 이해하기 힘들고 어렵게 느껴지는 겁니다.

마찬가지로 수업이나 강의를 들을 때도 잘 이해가 안 되는 것은 가르치는 사람이 정확히 모르기 때문에 듣는 사람이 어렵게 느껴지는 겁니다.

정확히 아는 사람, 그 일의 본질을 정확히 아는 사람은 어려운 일을 쉽게 풀어서 이해시킬 수 있습니다.

그동안 여러분들이 주식투자로 돈을 벌지 못했더라도, 또는 큰 손실 때문에 힘들더라도 스스로를 자책하지 마시길 바랍니다. 독자님들이 도박을 한 것이 아니라면 여러분의 잘못이 아니고, 지식을 전달해준 사람이 잘못된 지식을 전달해서 일어나는 현상입니다.

그리고 항상 의심하시고 따져봐야 합니다.

나에게 지식을 전달해주는 사람이 투자로 장기간 큰 수익을 꾸준히 이어가고 있는지, 그렇지 않으면 인터넷만 찾아도 쉽게 접할 수 있는 뻔한 지식만 전달해주는, 생계를 급여에만 의존하는 자칭 전문가인지 또는 뻔한 지식을 그럴듯하게 책으로 엮어서 책을 파는 장사꾼인지 꼭 의심해봐야 합니다.

연 50%씩 또는 연 100%씩 수익이 가능한 능력을 가진 투자자가 유료 강의를 해서 돈을 벌거나 책을 써서 돈을 번다면 저는 웃음이 나옵니다.

제가 하는 일과 스펙을 포장할 필요가 없어서 솔직히 말씀드립니다. 저는 경제학, 경영학 전공자도 아니고 제 직업 역시 주식투자 관련 일이 아닙니다.

저는 여름에 땀 흘리며 청소하는 청소 노동자입니다.

청소 노동자라는 말을 들으면 바로 책을 덮으실 수도 있습니다. 제 직업에 대해 자신 있게 이야기할 수 있는 이유는 노동 수입이 투자로 얻는 수익을 쫓아가기 힘들고, 장기간 꾸준히 수익을 이어가고 있기 때문입니다.

그리고 투자 전문가가 아닌 초보 투자자인 독자님들도 누구나 꾸준한 수익을 얻을 수 있기 때문입니다.

2023년 봄
안성운

목차

CHAPTER 1.

우리를 가난하게 만드는 잘못된 상식들

CHAPTER 5.

인간의 어리석음에 투자하라

CHAPTER 6.

노력 없이 서울대학교 못 가지만
노력 없이 노후 준비 가능하다

CHAPTER 7.

돈 버는 주식은 따로 있다

CHAPTER 8.

주식을 사는 사람 vs 기업을 사는 사람

CHAPTER 1.

우리를
가난하게 만드는
잘못된 상식들

1 주식은 위험하다

    거의 모든 재테크 서적과 경제 전문가, 투자 전문가, 재테크 전문가라고 자칭하는 사람들이 똑같이 이야기하며 거의 모든 시장 참여자가 종교처럼 믿고 있는 것 중 하나가 '주식은 위험자산이다'입니다. 동시에 채권과 부동산, 현금은 안전하다고 이야기합니다.

    이 말을 듣는 사람은 거의 대부분 맞다고 동의하고 인정합니다. 우리는 이 말을 자주 들었고, 그렇게 알고 있으며, 이것이 사실이라고 머리에 굳어져 있습니다.

    결론부터 이야기하면 이 말은 틀렸습니다.

    이것이 틀렸다는 것을 증명하겠습니다.

    경제 전문가 또는 재테크 전문가라고 칭하는 사람들이 주식시장이 하락할 때 방송에서 하는 말을 요약하면 다음과 같습니다.

    "현재는 변동성이 크기 때문에 저점을 확인 후 분할 매수하는 것을 추천합니다."

    "지금처럼 변동성이 큰 장세에서는 주식 비중을 줄이고 현금과 채권의 비중을 높이고 시장이 안정될 때까지 관망하는 것이 좋습니다."

    "이번 하락에서 바닥을 확인하지 못하면 주식시장은 장기침체로 갈 수 있습니다. 바닥을 확인한 후 주식의 비중을 늘려야 합니다."

마치 붕어빵을 찍어내듯 같은 목소리를 내고 있습니다.
주식시장이 하락할 때는 어느 경제방송을 보아도 같은 이야기가 나옵니다.

그럼 미국은 다를까요?

Need to Know

Once offering the worst return on Wall Street, cash is now looking like the best asset to own, says Morgan Stanley

Last Updated: Aug. 22, 2022 at 10:00 a.m. ET
First Published: Aug. 22, 2022 at 6:55 a.m. ET

By Barbara Kollmeyer (Follow)

「Market Watch」 기사

'변동성'이라는 단어가 경제 전문가, 재테크 전문가라고 하는 분들의 생각을 움직이지 못하게 가둬놓았기 때문입니다.
그리고 전문가의 입을 통해 그 말이 우리의 귀에 반복적으로 들리면서 우리의 생각도 굳어졌습니다.

변동성은 위험이 아니라 주식을 살 기회입니다.
변동성이 없다면 우리는 기업의 주식을 가치 대비 저렴하게 또는 비싸게 살 수 없고 항상 적정가격에 사야 합니다.

우리가 항상 적정가격에만 주식거래를 할 수 있다면 주식을 안전자산이라고 할 겁니다.

대신 돈을 버는 건 매우 힘들어지겠죠.

앞서 언급했듯이 주식시장이 하락할 때마다 장기침체로 갈 가능성이 있으니 변동성을 피하라는 말이 전문가들 입에서 자주 나옵니다.

S&P500지수가 2년 이상 연속 하락한 적은 창세기 이후 2번입니다.

그리고 S&P500지수가 생기기 전 다우지수가 2년 이상 하락한 것은 대공황 때 한 번입니다.

구약성경 창세기가 기록된 시기가 BC 1500년입니다.

그리고 예수께서 이 땅에 오신 지 2,000년이 되었으니 창세기가 쓰여진 시점은 지금부터 약 3,500년 전입니다.

창세기 이전의 기록은 현재 남아 있지 않으니 창세기 이전에 주식시장이 2년 이상 하락한 기록이 있는지는 알 수 없지만, 모세에 의해 창세기가 기록된 이후 약 3,500년간의 기록을 살펴보면 주식시장이 장기침체로 간 적은 단 한 번도 존재하지 않았습니다.

다시 말씀드립니다.

창세기 이후 단 한 번도 존재하지 않았습니다.

정리해서 이야기하겠습니다.

돈 버는 주식은 따로 있다

창세기 이후 2년 이상 주식시장이 하락한 것은 3번입니다.

S&P500지수가 만들어진 후 2년 이상 하락한 적은 2번인데 오일쇼크 때 2년 하락, IT 버블 때 3년 하락이 전부였습니다.

IT 버블 시기는 IT 버블, 롱텀캐피털 사건, 9·11 테러까지 이 세 가지 사건이 한꺼번에 터졌던 특이한 시기였습니다.

이 세 사건 모두 각각 메가톤급 악재입니다. 각 사건들이 보통 10년에 한 번 일어날 만한 사건들인데 이것들이 한꺼번에 겹쳐서 일어났던, 역사에 기록될 만한 사건이었는데 이때 S&P500지수가 3년 하락했습니다.

심지어 2차 세계대전 때도 시장은 상승했는데 말입니다.

마지막으로 다우지수가 대공황 때 3년 하락한 적이 있었는데 이때도 특이사항이 있습니다. 물가는 하락하는데 연준에서 금리를 올렸습니다. 그당시 기록을 보면 금리를 올려야 하는 이유와 명분을 잘 모르겠습니다.

그래서 당시 음모론이 많이 있었는데 그럼에도 금리를 올린 것은 정치적인 이유가 있지 않을까 추측할 뿐 자세한 것은 모르겠습니다.

주식이 위험하다고 하는 이유와 논리를 종합해보아도, 창세기 이후 약 3,500년 동안 최악의 주식상황은 3년 연속 하락이었습니다.

그 후 곧바로 V자 반등을 하거나 장기적으로 꾸준히 우상향을 했습니다.

내가 산 집값이 3년간 하락한다고 집을 팔거나 매일 집 시세를 보며 어찌해야 할지 고민하지 않습니다. 매 시간 단위로 부동산에 전화해서 우리 집 시세가 지금 얼마냐, 한 시간 전보다 올랐냐 떨어졌냐 물어보지 않고 초조해하지 않습니다.

"살다 보면 오르겠지." 이렇게 생각하며 별 생각 없이, 별 걱정 없이 살아갑니다.

텔레비전에 자주 등장하는 경제 전문가님들께 궁금한 게 있습니다.

애플의 주식이 50% 하락했다면 변동성이 커서 위험하니 시장이 안정될 때까지 기다리라고 합니다.

그러면 아이폰을 50% 할인된 금액에 구입하라고 하면 아이폰의 가격 변동성이 크니 50% 할인된 가격은 위험해서 조금 기다렸다가 할인 없는 정상가격을 지불하고 안전하게 구입할까요? 또는 300만 원짜리 맥북을 200만 원에 구입하라고 하면 맥북의 변동성이 크니 잠시 관망 후 다시 300만 원이 되면 안전하게 맥북을 구입할까요?

직접 물어보진 않아서 확답은 할 수 없고, 사람마다 생각이 달라서 단정 지을 수는 없지만 아마도 아닐 것 같습니다.

아이폰을 반값에 준다고 하면 좋아할 것 같고, 300만 원짜리 맥북을 100만 원 할인해준다고 하면 엄청 좋아할 것 같습니다. 그리고 인스타그램에 맥북 사진과 스타벅스 커피 사진이 올라갈 것 같습니다.

아이폰을 50% 할인된 금액에 준다면 내 앞에서 할인이 끝날까 봐 초조해하며 서둘러 구입할 거면서 그 아이폰을 만드는 애플의 주식을 50% 할인된 금액에 사라고 하면 위험하다?

우리가 아는 경제 전문가, 재테크 전문가들이 실제 애플 제품을 구매할 때 할인해주는 것을 거절한다면 주식의 변동성이 위험하다고 했던 말을 인정할 수 있습니다. 하지만 아이폰을 반값에 주면 좋아하면서 아이폰을

돈 버는 주식은 따로 있다

만드는 애플의 주식을 반값에 준다고 하면 변동성이 크니 위험하다는 말을 전문가의 말이니까 의심 없이 받아들여야 할까요?

「늦대와 일곱 마리 아기 염소」라는 동화가 있습니다.

엄마 염소와 일곱 마리 아기 염소가 오순도순 행복하게 잘 살고 있었습니다.

어느 날 엄마 염소가 먹을 것을 구하기 위해 외출을 했습니다. 외출할 때 엄마 염소는 아기 염소들에게 늑대를 조심하라고 당부했습니다. 늑대는 쉰 목소리를 내고 발은 새까맣다며 늑대의 특징도 알려주었습니다.

얼마 후 늑대가 집 앞에서 엄마인 척 문을 두드렸습니다.

"애들아, 엄마 왔다."

하지만 쉰 목소리를 들은 아기 염소들은 엄마 염소가 아니라는 것을 눈치채고 문을 열어주지 않았습니다.

늑대는 돌아가서 분필을 씹어 먹고 다시 아기 염소 집 문 앞에서 엄마인 척 이야기를 했습니다.

문 밑으로 살짝 보이는 늑대의 발은 새까맸습니다.

이번에도 아기 염소들이 속지 않자 늑대는 돌아가서 밀가루를 발에 묻히고 다시 나타났습니다.

아기 염소들은 목소리와 발 색깔을 확인한 후 엄마 염소인 줄 알고 문을 열어주었다가 막내 염소만 숨고 나머지는 늑대에게 잡아먹혔습니다.

이후 엄마 염소가 돌아와서 막내 염소를 구출하는 내용의 동화입니다.

이 동화에서 늑대는 엄마 염소인 척 아기 염소들을 속입니다. 여기서 우리가 얻어야 할 교훈은, 겉모습은 비슷해도 가짜가 많다는 겁니다.

우리가 재테크 또는 주식투자 관련 조언을 듣고 싶어서 전문가처럼 보이는 사람에게 조언을 구해도 실상은 전문가가 아닌 경우가 많습니다.

여기서 말하는 전문가의 기준은 좋은 학력을 갖고 증권사 또는 자산운용사 명함을 갖고 있는 사람이 아니라, 왜곡되지 않은 정확한 지식을 가지고 실전 투자를 통해 단기수익이 아닌 장기수익률이 높은 사람을 이야기합니다.

자본주의 사회에서 돈보다 객관적인 건 없습니다. 장기적으로 꾸준히 많은 돈을 버는 사람이 재테크 전문가입니다.

여러분들이 변동성이 심한 베어마켓에서 지금은 주식 비중을 줄이는 것이 좋다는 전문가들의 말을 듣고 주식 비중을 줄였다면, 여러분이 매도한 주식은 누가 매입했을까요?

기관투자자들입니다.

그리고 주식시장이 불붙어서 황소가 춤을 춘다면 전문가들은 주식을 더 사라고 권합니다. 그럼 여러분들이 매수하는 주식은 누가 팔았을까요?

기관투자자들입니다.

앞에서는 주식을 사라고 부추기면서 뒤에서는 주식을 매도하고, 앞에서는 주식을 매도하라고 부추기면서 뒤에서는 주식을 매수하는 것이 기관투자자들입니다.

이 일이 무한 반복됩니다.

그래서 개인투자자들은 거의 같은 패턴으로 손해를 보고 투자금을 모두 잃으면 주식시장을 떠납니다.

이 일을 잘하는 기업이 골드만삭스입니다.
앞에서 하는 말과 뒤에서 하는 행동이 다릅니다.

자본주의는 상당히 잔혹합니다.
주식이 위험한 게 아니라 자본주의의 생리를 모르는 것이 위험한 것입니다.

많은 전문가들이 약세장에서 보여주는 변동성을 가리키며 주식은 위험하다고 이야기합니다. 과거에도 그랬고 현재에도 마찬가지입니다.
주식투자로 부자가 된 사람들은 낙관론자들이지 비관론자들이 아니었습니다. 다만 사람이 느끼기에 50% 수익의 기쁨보다 50% 손실이 더 고통스럽게 느껴지기 때문에 비관론자의 말이 더 크게 느껴지는 것입니다.

마지막으로 구글에서 가져온 S&P500 장기 그래프입니다.
이 차트 한 장이면 주식이 정말 위험자산인지, 길게 가지고 있으면 계속 올라가는 안전한 자산인지 알 수 있습니다.

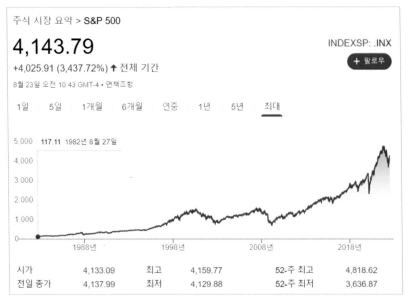

주식 시장 요약 > S&P 500

4,143.79

INDEXSP: .INX

+4,025.91 (3,437.72%) ↑ 전체 기간

8월 23일 오전 10:43 GMT-4 • 면책조항

| 1일 | 5일 | 1개월 | 6개월 | 연중 | 1년 | 5년 | **최대** |

117.11 1982년 8월 27일

| 시가 | 4,133.09 | 최고 | 4,159.77 | 52-주 최고 | 4,818.62 |
| 전일 종가 | 4,137.99 | 최저 | 4,129.88 | 52-주 최저 | 3,636.87 |

▌ S&P500 장기 그래프

이 모든 이야기의 중요한 조건이 하나 있습니다.

장기간 꾸준히 성장하는 좋은 기업이어야 한다는 겁니다.

뭐 하는 회사인지 알지도 못하는, 이상한 회사 주식을 장기보유한다고 해서 수익이 생기는 것은 절대 아닙니다.

20년, 30년 후에도 시장에 존재하며 우리 삶에 꼭 필요한 기업이어야 합니다. 그렇지 않고 내가 이해하지 못하는, 무슨 사업을 하는지조차 불분명한 회사에 투자한다면 앞서 이야기했던 '주식은 위험자산이다'라는 경제 전문가들의 의견에 저는 100번 1,000번 동의합니다.

주식이 위험한 게 아니라 내가 모르는 것이 위험이라는 것을 알아야 합니다.

돈 버는 주식은 따로 있다

2 대출 받아서 주식 사면 망한다

대출 받아서 주식 사면 망한다는 말이 우리 머릿속에 가득합니다. 이유는, 주식은 위험자산이라는 것이 머리에 굳어져서입니다.

과연 그럴까요?

우리가 알고 있는 상식이 사실인지, 속고 있는 잘못된 지식인지 의심해 봐야 합니다. 투자에서는 대중들이 생각하는 상식이 아니라 정확한 지식이 중요합니다.

여러분들이 자동차를 구입하실 때 차량 금액 전부 현금으로 지불하신 분도 계시겠지만 할부로 구입하신 분이 더 많으실 겁니다.

그리고 집을 살 때도 5억 원, 6억 원을 현금으로 구입하신 분도 계실지 모르겠지만 거의 대부분 대출을 일으켜 집을 구입하셨을 겁니다.

부동산을 사거나 자동차를 구입할 때는 대출을 일으키는 것이 당연하고 전혀 위험한 행동이 아닌데, 주식을 살 때는 대출을 받으면 위험하다고 머릿속에 굳어져 있습니다.

부동산은 자산을 매입한 거라 특별한 경우가 아니면 시간이 지남에 따라 해당 부동산의 가치가 우상향하겠지만 자동차는 새 차 구입 후 5년이 지나면 처음 구입 당시 가격에서 약 50% 이상 하락하게 됩니다(차종에 따라 오차는 있습니다. 특히 테슬라 전기차는 현재 기준 시간이 지나도 가격이 오르는 마법을 보여주기도 합니다).

가격이 하락하는 소비재에 비싼 이자까지 납부해야 합니다. 이자가 아파트담보대출 이자가 아닙니다. 잘 따져보면 생각보다 비싼 이자를 지불해야 합니다. 5년 후 자동차 가치가 상승하는 것이 아니라 반값이 되는데도 자동차를 할부로 구입하는 것은 위험하다고 생각하지 않습니다.

심지어 샤넬 가방, 루이비통 가방을 신용카드로 12개월 할부 결제해도 나를 위한 투자이기 때문에 위험하지 않습니다.

이 모든 것을 살 때는 전부 대출을 받아도 위험하지 않은데, 주식을 살 때만 대출을 받으면 위험하다는 것입니다.

그런데 특이사항이 있습니다.

레버리지(대출)를 일으켜 주식을 가장 많이 사는 사람은 Berkshire Hathaway를 이끌고 계신 워런 버핏 회장님입니다.

대신 아무 때나 사는 게 아니라, 사람들이 공포에 질려서 주식 사면 안 될 것 같고 자본주의 체제가 무너질 것 같은, 심지어 주식시장 자체가 사라져버릴 것 같은 공포감이 우리 뇌를 지배할 때 레버리지를 일으켜 주식을 최대한 많이 매입합니다.

저도 그렇습니다.

저도 부동산을 살 때 대출을 활용하지만 주식을 살 때도 대출을 활용합니다.

마찬가지로 고점에서는 절대 안 합니다.

돈 버는 주식은 따로 있다

주식시장이 extreme fear(극도의 공포)인 상태에서 대출을 일으킵니다.

┃ 출처: CNN BUSINESS

이렇게 사람들이 지금 주식 사면 큰일 날 것 같은 공포에 빠져 있을 때 레버리지를 일으켜 주식을 매입했고, 그 결과 저는 부자는 아니지만 노후를 걱정하진 않습니다.

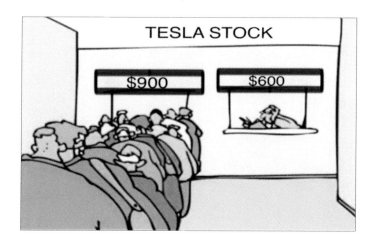

앞의 이미지는 테슬라의 주식을 판매하는 매점입니다. 지인이 보내준 사진인데, 이 사진 한 장이 많은 것을 보여줍니다.

600달러일 때는 아무도 사지 않지만, 900달러가 되면 사람들이 줄을 서서 테슬라 주식을 사려고 합니다. 대출을 받아서 주식을 살 때는 900달러가 아니라 600달러일 때 사야 합니다. 그러면 아무 문제 안 생깁니다.

모든 물건을 사거나 또는 기타 다른 모든 자산을 매입할 때도 통용되지만, 쌀 때 사서 비싸게 파는 것이 기본입니다.

그런데 사람들은 비쌀 때 대출을 받아서 삽니다.

얼마 전 증권사에서 전화가 왔습니다.

제 계좌를 담당하고 관리해주는 분이 계신데, 대출 만기가 돼서 연장처리 때문에 전화를 하셨는데 일처리를 잘 하지 못하시고 버벅대는 걸 봤습니다.

평소 믿고 신뢰할 만큼 일을 잘하는 분인데 이번에는 평소 같지 않은 모습에 저도 적지 않게 놀랐습니다.

오늘따라 왜 그러시냐고 물었더니, 대출 연장이 처음 하는 일이라 헤매고 있다고 하셨습니다.

이분이 VIP 고객 담당이라 제가 돈이 적어서 저만 대출을 받는 건지 궁금해서 물었습니다.

"증권사 VIP 고객 중에는 제가 가장 돈이 적어서 레버리지를 쓰는 건가요? 다른 VIP 고객들은 레버리지를 쓰지 않아도 될 만큼 돈이 많아 대출 연장처리 경험이 없으셔서 대출 만기 연장이 제가 처음이라 그런 건가요?"

돈 버는 주식은 따로 있다

돌아오는 대답은 다음과 같았습니다.

"그런 게 아니라 VIP 고객이든 일반 고객이든 레버리지를 쓰는 분들은 전부 주식이 가장 비쌀 때 고점에서 레버리지를 활용하셨기 때문에 지금처럼 주가가 크게 하락했을 때는 전부 담보된 주식을 강제 매도해서 대출을 상환해야 하고, 대출 만기를 매 6개월마다 연장해야 하는데 대출을 6개월 유지하기 전에 이미 강제 상환을 당하고 6개월 이상 대출을 유지하는 분을 아직 못 겪어봐서 업무처리가 미흡했습니다."

증권사 입사한 지 15년이 된 분 입에서 나온 말입니다.

증권회사에 입사한 지 15년 동안 주가가 폭락해서 모두 공포에 질려 있을 때 대출을 활용해서 주식을 더 매입한 사람을 보지 못했고, 주식을 통한 레버리지는 주가가 고점일 때 대부분 이루어진다는 이야기입니다.

여기서 한 가지 더 알 수 있는 점이 있습니다.

증권사 VIP 고객이라고 해서 모두 주식투자로 돈을 번 사람이 아니라는 겁니다.

한국은 유난히 부동산을 사랑해서 대부분 자산에서 부동산 비중이 높습니다.

그래서 부동산자산이 많은 사람이 자산 중 일부를 금융자산으로 분산하기 위해 주식을 많이 사는 경우가 대부분이지, 실제 주식투자를 잘해서 증권사 VIP 고객이 된 사람은 많지 않다는 겁니다.

따라서 여러분들이 속으면 안 됩니다.

자산이 많다고 해서, 또는 증권회사 VIP라고 해서 모두 주식투자를 잘하는 사람이 아니니 투자 관련 조언을 구할 때는 실제로 이 사람이 단기수익이 아니라 장기적으로 복리수익을 길게 가져가고 있는 사람인지, 아니면 단순히 재산이 많은 사람인지 잘 따져야 합니다.

재산이 많은 경우 재산을 상속받았을 수도 있고, 사업을 잘해서 재산이 많아졌을 수도 있으니까요.

사업을 잘하는 사람에게는 사업에 대한 조언을 구하고, 부동산을 잘하는 사람에게는 부동산 관련 조언을 구해야 합니다. 이걸 잘못 이해해서 실수하게 되면 정형외과에 가서 임플란트 상담을 하는 경우가 생깁니다.

약은 약사에게, 진료는 의사에게….

대출을 활용해 주식을 사는 것은 두 가지 조건이 맞았을 때 안전하고 위험하지 않습니다.

① 기업의 가치가 터무니없이 저평가 상태일 때
② 그 주식이 우량하고, 장기적으로 꾸준히 성장할 수 있는 좋은 기업의 주식일 때

이 두 조건이 맞는 기업의 주식을 사되, 기업의 문제가 아닌 외부적인 요소 때문에 주식가격이 심하게 무너졌을 때 대출을 활용해야 합니다. 아무리 좋은 기업이라 해도 비쌀 때 대출을 활용하는 것은 옳지 않습니다.

Oaktree Capital의 창업자이며 워런 버핏이 가장 신뢰하는 투자자인

하워드 막스의 말에 따르면, '자산의 질보다 얼마에 사느냐'가 더 중요하다고 합니다.

주식은 반드시 쌀 때 사야 합니다.

마지막으로, 질 좋은 자산을 쌀 때 사면서 대출을 활용하더라도 내가 감당이 될 만큼만 적당히 활용해야 합니다.

아무리 좋은 자산을 싸게 매입하더라도 고금리의 신체포기각서를 쓰면 안 되니까요.

그럼 질 좋은 자산이 무엇인지, 어떤 기준으로 정하는지, 어떤 기업이 질 좋은 자산인지 알아야겠죠.

이 부분은 뒤에 설명하겠습니다.

3 금리가 오르면 주식이 하락한다

금리를 작정하고 올리기 시작하면 주가는 한동안 하락할 겁니다. 많이 들어봤고 친숙한 단어지만, 금리가 정확히 무엇인지 물으면 대답할 수 있는 사람이 별로 없죠?

"금리가 올랐다."
"금리가 내렸다."

그런데 "엄마, 금리가 뭐야?" 딸이 이렇게 물으면 뭐라고 답해야 할지 떠오르지 않습니다. 내가 금리에 대해 안다고 생각했는데 설명을 못 하겠습니다.
제가 아주 쉽게, 간단하게, 누구나 이해할 수 있도록 설명드리겠습니다.

금리는 돈의 가격입니다.
보통 이자와 금리를 헷갈리는 분이 많습니다만 금리와 이자는 비슷하면서도 조금 다릅니다.

앞에서 금리는 돈의 가격이라고 이야기했죠.
그럼 경기가 좋을 때는 거의 모든 자산가격이 상승하고 사업도 잘되고 돈이 잘 돌아갑니다.

돈 버는 주식은 따로 있다

이 말을 다르게 해석하면 돈을 필요로 하는 사람이 많다는 것이죠. 경기가 좋으니 너도 나도 돈을 갖고 투자를 하거나 사업을 해서 더 많은 수익을 얻고 싶으니까요.

나이키 신발에 대한 수요가 많아서, 사고 싶은 사람이 너무 많아서 매장에 줄 서서 기다려야 한다면 나이키 신발의 가격이 오를까요? 떨어질까요?

당연히 가격이 오르겠죠.

금리도 마찬가지입니다. 앞에서 설명드렸듯이 경기가 좋을 때는 돈을 필요로 하는 사람이 많습니다. 그럼 돈의 가격이 올라갑니다.

이 말을 4글자로 줄이면 '금리 인상'입니다.

그럼 반대로 이번엔 경기가 좋지 않습니다.

경기가 좋지 않을 때 사람들은 돈이 필요하지 않겠죠. 여기서 말하는 돈은 밥 사먹는 돈을 말하는 것이 아닙니다. 밥 사 먹으려고 돈을 빌리진 않으니까요.

나이키 신발이 잘 팔리지 않아서 재고가 쌓이면 가격을 올려야 할까요? 아니면 할인행사를 해야 할까요?

당연히 재고를 소진하기 위해서 할인행사를 해야 합니다.

돈도 마찬가지입니다.

경기가 좋지 않을 때는 돈을 필요로 하는 사람이 적기 때문에 돈을 빌

리려는 사람의 수도 적습니다. 당연히 돈의 가격이 하락합니다.

이 말을 4글자로 줄이면 '금리 인하'입니다.

이제 금리가 무엇인지 알았으니 이야기를 이어나가겠습니다. 미국 경제 신문을 번역해놓은 것 중 일부분을 읽어드리겠습니다.

"오늘 월스트리트에서는 금리 인하 소식이 주식시장을 상승시켰지만, 금리 인하로 인플레이션이 발생하리라는 예상이 나오면서 시장은 다시 하락했습니다. 그러나 금리 인하로 부진한 경기가 살아날 수도 있다는 인식이 다시 시장을 상승시켰고 이에 경제가 과열되어 금리를 더 높일 수도 있다는 우려가 제기돼 시장은 결국 하락했습니다."

저는 이 기사를 여러 번 읽어봐도 무슨 말인지 모르겠습니다. 금리가 내려가면 주식시장이 오른다는 건지, 내린다는 건지 결론을 모르겠습니다.

사람들은 금리가 오르면 주식가격이 하락한다고 종교처럼 믿고 있습니다.

갑작스럽게 금리를 급하게 올린다면 주식시장은 하락하겠죠.

그런데 그것도 일시적 현상입니다. 주식의 가격은 기업의 가치에 수렴하고 금리가 영원히 상승할 수 없으니까요.

시차는 존재하지만, 과거 금리 인상 시기에 S&P500지수를 보면 상승했습니다.

이건 매우 중요한 것입니다.

제가 지금 금리 인상 시기에, 일시적인 주가 하락은 있지만 일정 기간을 두고 보면 주가지수가 하락하는 것이 아니라 오히려 상승한다고 말씀드리는 것을 그대로 믿지 마시고 이 말이 사실인지 거짓인지 또는 이 글을 읽고

돈 버는 주식은 따로 있다

계시는 분들을 제가 속이려고 하는지 스스로 확인하셨으면 좋겠습니다.

　대신 기업에 따라 편차가 크게 나누어집니다.

　저금리 시대에는 시중에 돈이 많기 때문에 듣지도 보지도 못했던 주식도 쉽게 오르는 것을 볼 수 있지만, 금리 인상 시기에는 원가 상승을 소비자에게 전가할 수 있거나 가격 결정을 직접 할 수 있는 기업, 성장이 훼손되지 않는 기업의 주가 하락은 짧게 끝나고 회복할 때는 가장 먼저 전고점에 올라갑니다.

　그래서 버크셔 해서웨이 회장님의 격언 중, 수영장에서 누가 수영복을 입지 않았는지 알려면 수영장 물을 빼야 알 수 있다는 말이 나온 겁니다.

　금리 상승보다 기업의 성장이 더 크다면 당연히 해당 기업에게 있어서 금리 상승에 대한 영향은 일시적이고 제한적일 것입니다.

　이런 기업이 강한 기업이고, 강한 기업은 주식시장 전체를 견인할 수 있는 힘을 갖고 있기 때문에 금리 인상이 기업의 가치를 훼손시키지 못할 뿐 아니라 금리 상승기에는 오히려 경쟁자들이 도산하고 죽습니다. 그래서 금리 인상 후 주가지수를 견인할 수 있는 강한 기업은 돈이 더 달라붙는 자석이 됩니다.

　주식은 기업의 성장과 금리의 함수입니다.

　금리가 상승하면 높아진 금리만큼 기업의 할인율이 적용됩니다. 다만 고금리 상황이 영원히 지속될 수 없으며 체감상 그 기간이 길게 느껴질 수는 있지만 실제로는 길지 않습니다. 이유는 정치의 이유가 포함되어 있기 때문에 정치인들도 고금리 상황을 좋아하지 않습니다. 짧은 기간 동안 경쟁자들이 도산하고 죽으면 강한 기업의 이익은 과거보다 더 크게 증가할 것이고 금리 상승 후반기부터는 말씀드린 것들이 선반영되어서 이미 주가는 회복됩니다.

우리 생활에 꼭 필요한 것, 없어서는 안 되는 것, 갖고 싶은데 돈이 부족해서 빚을 내서라도 사고 싶어 하는 것을 제공하는 기업이 강한 기업이고 이런 기업들이 지속적인 성장이 가능하고 주가지수를 견인합니다.

구글에서 검색하면 금리 상승과 S&P500지수의 움직임에 대해 누구든 10분 안에 사실 여부를 확인할 수 있습니다.

제가 과거 금리 인상 후 주가 흐름에 관한 표 한 장을 첨부하면 끝날 일이지만 매우 중요한 부분이라, 독자님들께서 스스로를 가르치고 설득시키는, 또 스스로 확인하시는 것을 추천드립니다.

이것은 독자님들이 힘들게 땀 흘려 모은 소중한 종잣돈을 움직이는, 매우 중요한 일입니다.

누가 이렇다더라, 저렇다더라, 또는 유튜브의 전문가가 이렇다더라, 이런 개인의 의견이 중요한 것이 아닙니다.

정확한 사실이냐, 거짓에 속고 있느냐가 중요합니다.

한 번 더 강조합니다.

독자님들의 소중한 돈이 움직이는 겁니다.

대중들이 이야기하는 상식이 아닌, 정확한 사실에 근거해야 합니다. 10분만 투자하시면 알 수 있습니다.

금리는 돈의 가격이라 말씀드렸고, 금리 인상의 다른 말은 '경기가 좋다'라는 말이고 이를 호경기라 부릅니다.

호경기에는 따라오는 것이 물가 상승입니다.

코카콜라가 1개 500원이었는데 호경기로 인해 수요가 많아졌습니다. 수요가 많아지면 더 많은 원자재를 구입해서 만들어야 하는데 원자재 공급이 갑자기 늘어나지 못하는 경우가 생깁니다. 당연히 원자재가격이 오르고 이는 제품가격에 반영됩니다.

그럼 코카콜라가 500원에 판매되었는데 원자재가 20원이 상승했으니 코카콜라 판매가격이 520원이 될까요? 아니면 600원이 될까요?

독자님들께서 장사를 하신다면, "원자재가 20원 올랐으니 딱 20원만 가격을 올려야지." 이렇게 하실 건가요?

기업에서 제품가격 인상은 쉬운 결정이 아니라 부담스러운 일입니다. 원자재가격 상승이 가격을 올릴 수 있는 좋은 명분이고 기회인데 20원만 올리진 않을 겁니다.

코카콜라가 작년에 100개를 팔아서 5만 원의 매출을 얻었는데, 올해는 더 많이 팔지 못하고 똑같이 100개를 팔아서 6만 원의 매출을 얻었습니다. 그런데 개당 이익은 작년보다 80원씩 증가하여서 매출은 작년 대비 1만 원이 증가하고 이익은 8천 원이 증가했습니다.

주식시장에서는 Earning Surprise(실적 대박)를 외치며 주가가 상승합니다. 심지어 작년보다 더 팔지 못했는데도 말입니다.

만약에 코카콜라의 경쟁기업인 펩시콜라가 힘이 떨어져서 점유율이 하락한다면 그 점유율만큼 코카콜라가 가져가게 되고, 그로 인해 작년보다

10개를 더 팔아서 110개를 팔았다면 주식시장에서는 실적이 'Surprise + Surprise'가 됩니다. 당연히 코카콜라의 주가는 수직 상승하게 되겠죠.

그런데 모든 기업이 전부 코카콜라 같지는 않습니다.

예를 들면 삼성전자는 물가가 오른다고 해서 D램 가격을 마음대로 못 올립니다. 가격 결정권이 삼성전자에게 있지 않으니까요.

어떤 분께 이 이야기를 했더니 하시는 말씀이, "어머, 그럼 어떻게 하죠?"

어떻게 하긴 뭘 어떻게 할까요?

삼성전자 안 사면 되죠.

복잡한 문제가 아니라 매우 간단한 문제입니다. 원가 상승분을 소비자에게 떠넘길 수 있는 기업에 투자하면 되죠.

여기서 말씀드리는, 금리 인상과 주식시장 상승이 무관하다는 것은 모든 기업에 해당되는 말이 아닙니다.

제가 말씀드리는 것은 예를 들어 코카콜라, 펩시코, 맥도날드, 나이키, 존슨앤존슨, 유니레버, P&G, 애플, 아마존, 구글 등 우리가 주위에서 쉽게 접하는 보통의 상식으로 이해할 수 있는 정상적인 기업을 기준으로 이야기하는 겁니다.

안타까운 것은 개인투자자들이 이런 정상적인 비즈니스를 영위하는 기업 말고 매출이 발생하지 않는, 미래의 꿈같은 기술을 연구하는 회사나 획기적인 신약을 개발하는 회사 등 연구 개발이 성공하면 내 인생이 바뀔 것 같은 기업에 로또 복권처럼 기대하며 투자하는 경우를 자주 보

돈 버는 주식은 따로 있다

게 됩니다. 이러한 기업들은 매출과 이익이 발생하지 않기 때문에 연구 개발에 필요한, 또는 사업을 운영하는 모든 비용을 차입금(채권발행 및 대출, 유상증자)으로 충당해야 합니다. 이런 기업의 경우 금리 인상 시기에 매우 취약하며 기업이 파산하는 경우를 자주 보게 됩니다.

심지어 연구 개발이 성공할지라도 그 기술이 상용화되어서 수익으로 연결되는 것은 또 다른 문제입니다. 이러한 기업들이 금리 인상 시기에 파산하는 이유는, 기업의 실적이 없기 때문에 채권을 발행할 때 쿠폰금리(채권 만기 때 주기로 약속한 확정금리)를 높게 발행해야 하며 이로 인해 이자 부담이 커지기 때문입니다.

4 high risk high return, low risk low return

위험이 크면 이익이 크고, 위험이 작으면 이익이 작다는 말이 어떤 분야에서는 적용이 될 거라고 생각합니다.

그런데 주식시장은 아닙니다. 주식시장에서는 적용되지 않는 틀린 말입니다.

대신 조건이 앞에 붙어야 합니다.

주식을 도박처럼 하지 않고 정상적인 기업에 올바르게 투자한다는 조건이 먼저 충족되어야 합니다. 그 조건이 먼저 충족된다면, 주식시장에서는 위험이 크다고 큰 수익이 생기지도 않고 위험이 작다고 해서 수익이 작지도 않습니다.

여기서 중요한 핵심은, '작은 위험으로도 큰 수익을 얻을 수 있다'입니다. 이 부분은 쉽게 증명할 수 있습니다.

다음은 누구나 아는 기업, 정상적인 기업들의 장기 그래프입니다.

믿으실지 모르겠지만 제가 고민 끝에 선택한 기업이 아니라, 지금 제 오른쪽 방향 저희 집 부엌에 놓여 있는 물건들을 보면서 대충 생각나는 기업만 나열한 것입니다.

돈 버는 주식은 따로 있다

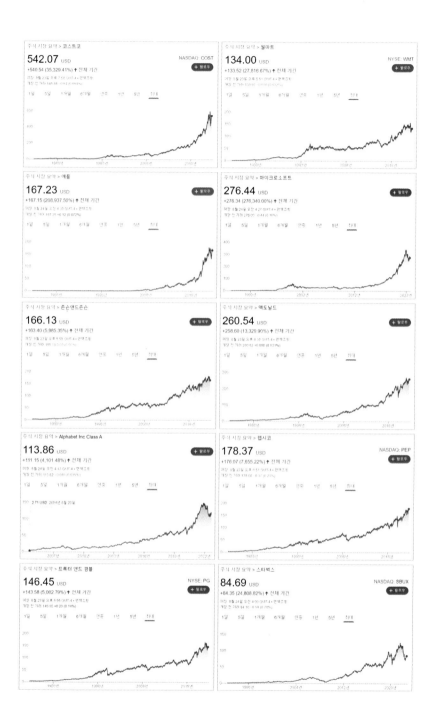

마이크로소프트와 애플은 기업가치가 2,000조~3,000조 기업들입니다. 이런 기업이 위험한 기업이라 생각하는 분은 없을 겁니다.

우리가 사용하는 비누, 칫솔, 치약, 치실, 샴푸 등을 다른 것으로 대체할 수 있는 게 있을까요? 직접 가서 물품을 구입할 때는 코스트코, 월마트에 갑니다. 그렇지 않고 인터넷으로 구입할 때는 아마존을 이용합니다.

사람들은 어릴 때도 코카콜라를 즐겼고 지금도 코카콜라를 즐깁니다.

신발은 어릴 때도 나이키가 1등이었고 지금도 나이키입니다.

여기에 무슨 큰 위험이 있을까요?

단기간에 시장의 악재로 인한 일시적 주가 하락은 있을지 모르겠지만 기업의 시가총액이 꾸준히 상승하는 것을 막을 수는 없을 겁니다.

초등학생부터 80세 노인까지 코카콜라, 게토레이, 파워에이드, 치토스, 맥도날드, 나이키, 마이크로소프트는 모두 아실 겁니다. 우리는 오늘 아침에도 오랄비(Oral-B)에서 만든 치약과 칫솔을 사용합니다. 그리고 클린앤클리어(Clean & Clear) 또는 뉴트로지나(Neutrogena)에서 만든 비누로 세면합니다. 헤드앤숄더(Head & Shoulders) 또는 펜틴(PANTENE) 샴푸로 머리를 감습니다. 브라운(BRAUN) 또는 질레트(Gillette) 면도기로 면도 후 SKⅡ로 스킨케어를 합니다. 어제 입은 옷에서 냄새가 나면 페브리즈(Febreze)를 뿌리죠. 그리고 나이키 운동화를 신고 외출을 했습니다. 더운 날에는 편의점에서 코카콜라를 마셨습니다. 출퇴근 시간 지하철에서 아이폰으로 유튜브를 보며 출퇴근하고 출근 후 업무를 시작할 때 마이크로소프트 프로그램을 실행시킵니다. 업무 시간에 필요한 정보는 구글에서 검색 후 일할 때 사용합니다. 점심식사 후 양치할 시간이 빠듯할 때는 리스테린(Listerine)으로 간단히 가글을 하죠. 아이스티가 생각날 때는 Lipton을 찾고, 오렌지 주스가 생각날 때는 Tropicana를 마십니다. 바나나를 고를 때는 Dole 스티커가 붙은 바나나를 집어서 장바구니에 넣죠. 가끔 KFC와 피자헛도 즐깁니다. 빨래할 때는 다우니(Downy)가 필요합니다. 두통이 있을 때는 타이레놀을 복용합니다. 그리고 이 모든 소비의 결제는 VISA를 통해 이루어집니다.

이것은 우리의 일상입니다. 위의 소비가 위험한가요?

내일 아침부터는 세계 모든 남성들의 수염이 자라지 않을까 봐 걱정되나요? 아니면 내일 아침부터는 사람들이 일어나서 양치를 하지 않거나 세안을 하지 않고 머리를 감지 않을까 봐 걱정되나요?

그것도 아니면 다음 달부터 태어나는 여자아이는 성인이 되어서도 생리를 하지 않게 될까 봐 걱정돼서 불안하신가요? 또 내일부터 태어나는 모든 신생아들은 엄마 배에서 태어남과 동시에 기저귀가 필요 없이 바로 일어나서 스스로 화장실에 갈까 봐 염려되나요?

모든 사람들이 나이키 운동화를 신다가 내일 갑자기 발에 염증이 생기고 관절에 치명적 손상을 입어서 르까프 운동화로 모두 교체할까요? 아니면 프로스펙스? 그것도 아니면 프로월드컵으로 대체할까요?

그런 걱정을 하는 사람은 없을 거라 생각합니다.

내일 아침에 모든 남성들의 수염이 오늘보다 조금 더 자랄 것이라는 사실에 제가 전 재산을 걸고 도박을 해도 밤에 편히 잘 수 있을 겁니다.

내일 아침 사람들이 양치하고 세수한 다음 출근한다는 것을 제 손목을 걸고 맹세할 수 있습니다.

내일 태어나는 여자아이가 성인이 되면 생리를 한다는 것을 제 생명을 담보로 장담할 수 있습니다.

내일 아침에도 지하철에서 많은 사람들이 스마트폰을 쳐다보며 출근할 것이고, 내일 낮 12시에도 사람들은 점심식사를 할 것이라고 저는 장담할 수 있습니다.

오늘을 마지막으로 내일부터는 남성들의 수염이 안 자랄 수도 있고, 지금까지는 여성들이 매달 생리를 했지만 다음 달부터는 죽을 때까지 생리를 하지 않을 수도 있고, 내년부터는 사람들이 죽을 때까지 양치를 안 하고 샤워도 하지 않고 로션도 안 바르고 살 거라고 생각한다면 앞서 나열한 기업들은 매우 위험이 큰 기업들이라 절대 투자하면 안 될 겁니다.

그런데 제 생각엔 내일 아침에는 오늘보다 수염이 조금 더 자랄 것 같고, 내일 아침에도 사람들은 양치를 할 것 같습니다. 매달 규칙적인 생리도 하고 코카콜라도 마실 것 같습니다. 신생아들은 스스로 화장실에 갈 수 없어서 기저귀를 사용할 것입니다. 그래서 앞에 나열한 기업에 투자하는 것은 위험이 별로 없어 보입니다.

그런데 위험이 작다고 이익이 작았나요?

다시 앞으로 돌아가서 나열된 주식 그래프를 살펴보시길 바랍니다.

위험이 작은, 우리 생활에 꼭 필요한, 죽기 전까지 우리 삶과 함께해야 하고 없어서는 안 되는 기업들입니다. 그리고 누가 봐도 망하기가 힘든 기업들입니다.

그럼에도 그 이익은 엄청나고, 또 그러한 이유들 때문에 이익이 클 수밖

돈 버는 주식은 따로 있다

에 없습니다.

이쯤에서 우리 스스로에게 두 가지 질문을 해야겠죠.
"High risk high return, low risk low return."
사실이라 믿고 있던 이 말이 과연 주식시장에서도 통용되는 맞는 말인가?
쉽고 안전하게 큰 수익을 얻을 수 있는 길이 있는데 위험하고 어려운 길을 일부러 선택할 이유가 있는가?

투자의 현인이라 불리는 피터 린치, 워런 버핏을 부자로 만들어준 기업은 복잡하고 어려운 기업들이 아닙니다.
피터 린치를 부자로 만들어준 대표적인 기업은 던킨도너츠이고 워런 버핏을 부자로 만들어준 기업은 코카콜라, 시즈캔디, 맥도날드, 월마트, 코스트코, VISA, P&G 등 특별할 것 없지만 우리 생활에 꼭 필요하고 평범한 기업들입니다.

제 경험으로는 친구 추천으로 매수한 바이오 기업, 친환경연구 기업, 첨단우주과학기술 기업 또는 급등락을 반복하는 정치 테마주로 한두 번 수익을 얻은 사람은 봤지만 이런 주식으로 부자가 된 사람은 보지 못했습니다. 한두 번 운이 좋아서 수익을 얻은 사람이 그 수익으로 인해 자신감이 생겨서 주식시장을 우습게 보다가 종잣돈을 다 날리고 빚까지 지는 경우는 몇 번 본 적이 있습니다.

고장 난 시계도 하루에 두 번은 시간을 맞힐 수 있습니다.

5 주식은 부동산을 못 이긴다

한국 사람은 유난히 부동산을 사랑합니다.

증권회사 직원한테 들은 이야기인데, 전체 계좌에서 주식이 10억 넘는 경우는 많지 않다고 합니다.

이유는, 10억이 넘어가면 주식을 팔고 부동산으로 바꾸기 때문이라고 합니다. 그래서 한국에는 10억 넘는 주식 계좌가 많지 않다고 합니다.

한국 사람들은 부동산 불패를 강하게 믿고 있습니다.

부동산이 나쁘다는 건 아닙니다. 저도 부동산을 몇 개 갖고 있으니까요. 부동산이든 주식이든 자기에게 맞는 것을 하면 된다고 생각합니다.

한국 사람이 부동산 불패를 믿는다면 미국 사람들은 주식 불패를 믿습니다.

한국에서 정치인들이 비리를 저지른다면 주로 주식보다는 강남 아파트 또는 기타 부동산 문제가 터집니다.

그런데 미국에서 정치인들의 문제가 터지면 주로 주식 관련 문제가 생깁니다.

최근에 제롬 파월(Jerome Powell) 미국 연준의장도 주식 관련 문제로 이야기가 나올 뻔했습니다. 그런데 주식 매도 후 그 주식이 30% 이상 상승해서 내부자거래로 보긴 어려워 주식 문제에서 자유로워질 수 있었습니다.

돈 버는 주식은 따로 있다

미국 하원의장인 낸시 펠로시(Nancy Patricia Pelosi) 의장의 남편이 미 의회에서 반도체 산업에 700억 달러 규모의 지원금과 세제 혜택을 제공하는 법안을 통과시키기 얼마 전 엔비디아(NVIDIA) 주식을 매수해서 문제가 되었습니다.

이처럼 미국과 한국은 선호자산의 차이가 있습니다.
한국은 주로 아파트, 건물을 선호하고 미국은 주로 주식을 선호합니다.
금융선진국에서 주로 일어나는 현상입니다.

한국에서는 부동산 불패라는 생각 때문에 부동산이 최고라고 이야기하는 사람이 많습니다.
과연 그럴까요?

이 한마디가 모든 것을 정리해줄 겁니다.
포브스(Forbes)가 선정한 세계 100대 부자 1위부터 100위까지 모두 주식 부자입니다.

그럴 만한 이유가 있습니다.
부동산은 토지를 매입하든 또는 건물을 사거나 집을 사든 10억짜리 아파트가 12억이 되거나 15억이 될 수는 있어도 아파트 가격이 연일 복리로 불어나지는 않습니다.

이유는, 정해져 있는 단일 물건이라 가격이 오를 뿐 그 가격 상승이 단리로 계산되지 일일 복리수익으로 상승하지는 않습니다. 그리고 그 상승이 최근 민주당 정권 5년 동안 많이 상승해서 아파트 가격 상승이 우리에게 체감적으로는 크게 느껴지지만 길게 놓고 본다면 부동산 상승은 물가 상승률을 크게 상회하지 못합니다.

다시 말하면, 부동산은 주식처럼 드라마틱하게 상승하지는 않는다는 말입니다.

그런데 주식은 다릅니다. 기업의 가치는 복리로 상승합니다.

S&P500지수를 보면 매년 물가 상승률 이상의 상승을 보여주고 있습니다. 객관적으로 숫자가 말해주고 있습니다.

"그래도 내 생각에는 부동산이 나은 거 같아. 그래도 역시 부동산이지."

숫자가 이미 나와 있기 때문에 이런 말로 논쟁할 필요가 없습니다. 이러한 이유 때문에 세계 100대 부자 모두 주식 부자인 것입니다.

그중 상당수가 미국인입니다. 자산의 선호도가 주식에 몰려 있으니까요.

한국 사람 중 누구도 세계 200대 부자에조차 들어가는 사람이 없습니다. 사람들의 선호자산이 부동산에 몰려 있으니 당연히 세계 부자 순위에서 밀릴 수밖에 없습니다.

주식 상승이 부동산 상승보다 크기 때문에 이는 자연스럽고 당연한 결과입니다.

제 목표에 대해 잠시 이야기하면, 죽기 전에 포브스(Forbes)가 선정한 세계 100대 부자에 들어가는 겁니다.

현재 제 부동산을 전부 현금화하고 최근 연평균 수익률을 워런 버핏 회장님 나이까지 계속 유지만 할 수 있다면 제가 워런 버핏 회장님 나이가 되었을 때 포브스(Forbes)가 선정하는 세계 100대 부자에 제 이름이 들어갈 수 있습니다.

물론 확률은 희박하겠죠. 지금 잘한다고 앞으로도 잘할 수 있다는 보장은 없으니까요.

하지만 포브스(Forbes)가 선정한 100대 부자를 목표로 삼을 수 있는 이유는, 주식투자를 하기 때문에 가능한 일입니다.

이번 글의 목적은, 한국에서는 유난히 부동산이 최고라는 인식이 강한데 사실은 기업가치의 상승이 부동산가격 상승보다 빠르다는 것을 정확히 알려드리기 위함입니다.

우리가 평소 사실이라고 믿는 것들 중에서 사실이 아닌 것들이 많습니다.

투자의 세계는 차갑고 잔혹합니다. 돈이 움직이는 곳이라 작은 실수라도 그 결과를 스스로 감당해야 합니다. 때문에 조금이라도 정확하지 않은 잘못된 지식을 갖고 투자의 세계에 발을 들여놓으면 우리 주위에서 어렵지 않게 보고 들을 수 있는, 주식투자해서 패가망신한 사람이 될 수 있습니다.

그리고 모든 사람이 반드시 주식투자만 해야 하는 것은 아닙니다.

사람마다 생각이 다르고 취향이 다르기 때문에, 나한테 부동산이 잘 맞으면 부동산투자에 집중하면 되고 주식투자가 잘 맞는다면 주식투자를 하는 게 맞을 겁니다.

세계적인 부자가 되는 것을 목표로 삼는다면 당연히 부동산이 아닌 주식투자를 해야 하지만, 우리 모두가 세계적인 부자를 꿈꾸는 건 아니기 때문에 부동산투자만 잘해도 우리의 노후 문제는 충분히 해결할 수 있습니다. 부동산이 나에게 잘 맞는다고 생각하는 분은 내가 잘하는 분야인 부동산에 집중하시는 것이 좋습니다.

6 유명인의 투자를 따라하면 성공한다

이번 이야기에서는 많은 사례를 설명하는 것이 불필요해 보입니다.

너무 많기도 하고, 유명인이 투자를 잘하는 게 아니라는 것을 이해하고 넘어가면 충분하기 때문에 여러 사람을 이야기하진 않고 누구나 공감하고 알 만한 한 사람만 이야기하겠습니다.

빌 게이츠입니다.

한국에서 빌 게이츠를 모르는 사람은 없을 겁니다. 1990년대 당시 세계 1위 부자였죠.

특히 40대 젊은 나이에 세계 1위 부자가 되어서 모두를 놀라게 한 그 사람입니다.

2022년 8월 26일 오늘 기준 마이크로소프트의 시가총액은 약 2,700조 원입니다.

마이크로소프트 주식 상장 때 빌 게이츠가 소유했던 지분은 약 46%였습니다.

마이크로소프트 지분 46%를 오늘 날짜 기준으로 가치평가를 하면 약 1,250조 원 정도 됩니다. 빌 게이츠가 마이크로소프트 주식을 안 팔고 가만히 있었다면 현재 기준 1,250조 원의 부자가 되어 있을 테고 현재 세계 부자 순위 1위인 테슬라 창업자 일론 머스크가 쫓아가기 어려운 금액입니다.

빌 게이츠가 주식을 팔지 않았다면 부자 순위 2등인 일론 머스크와의 격차가 약 900조 이상 벌어질 듯합니다.

빌 게이츠가 마이크로소프트 지분 일부를 정리 후 투자한 기업들은 많습니다.

우선 실험실에서 고기를 배양하는 배양육 회사 멤피스 미트(Memphis meats)에 투자했습니다. 그리고 전기자동차에 들어가는 배터리 중에서도 꿈의 배터리라 불리는 전고체 배터리를 연구하고 개발하는 기업 퀀텀스케이프(Quantumscape)에 투자했습니다.

데이터센터에 들어가는 반도체 칩(chip)을 전문으로 설계하는 팹리스(fabless) 기업 마벨 테크놀로지(Marvell technology), 농업 및 건설용 중장비를 전문 제조하는 디어(Deere), 오염된 물을 깨끗한 상수로 만드는 에코랩(Ecolab), 중고차 매매를 전문으로 하는 Vroong과 CARVANA, 워런 버핏이 이끌고 있는 버크셔 해서웨이(Berkshire Hathaway), 중장비 전문회사 캐터필러(CAT), 캐나다 내셔널 철도회사(CNI) 등 여러 기업들이 있습니다.

이 중 버크셔 해서웨이(Berkshire Hathaway)는 워런 버핏 회장님이 기부한 것으로 알고 있고, 계속 기부 중인 것으로 알고 있습니다.

마지막으로 가장 유명한 투자를 이야기하겠습니다.

테슬라 공매도입니다.

빌 게이츠가 테슬라 주식이 고평가라고 판단해서 테슬라 주식이 하락해야 돈을 벌 수 있는 공매도를 해서 큰 손실이 생겼습니다.

이 밖에 더 많은 투자가 있는데 무엇 하나 드라마틱하게 성공한 것이 없습니다.

투자를 안 하고 마이크로소프트 주식 46%를 그대로 가지고 있었다면 앞에서 말씀드린 대로 2등이 의미 없어질 정도로 큰 규모의 재산을 소유했을 겁니다.

처음 퀀텀스케이프(Quantumscape)가 주식 상장했을 때 빌 게이츠가 투자한 기업이라고 소문이 나서 많은 투자자들이 몰려들어 단기간에 주가가 폭등했습니다. 물론 그 당시 코로나로 인해 돈이 시장에 많이 풀린 영향도 컸지만 빌 게이츠라는 이름이 크게 작용한 것도 사실입니다.

저는 유명인이 투자했다는 말에는 관심 갖지 않습니다.
유명인이면 이름이 널리 알려진 사람입니다.
'이름이 알려진 사람 = 투자를 잘하는 사람'
이 공식은 맞지 않습니다.

우리의 종잣돈을 투자하는 겁니다.
대중들이 이렇다더라, 저렇다더라, 누가 이랬다더라, 특히 유명한 사람이 여기에 투자했다더라, 이런 곳에 아무 생각 없이 내 종잣돈을 투자하는 것은 스스로 무덤을 파는 것과 크게 다르지 않습니다.

7 신뢰할 수 있는 사람에게 자문을 구해야 한다

앞에서 했던 이야기와 연결되는 내용입니다. 실제 있었던 일입니다.

어떤 사람이 땅을 소개받아서 매수하려고 하는데 땅에 대해 아는 것이 없습니다. 그래서 친척 어른 중 부동산에 대해 잘 아는 분이 계셔서 자문을 구하고 의사결정을 했습니다.

부동산을 잘 아신다는 어른에 대해 이야기를 들어보니, 과거 아파트를 몇 번 사고 가격이 오르면 팔아서 시세차익을 몇억 얻었으니 이분이 부동산에 대해 잘 아신다고 합니다.

이렇게 투자에 대한 의사결정을 진행하면 안 됩니다.

아파트로 재테크했다는 말은 부동산에 전문가가 아니라는 말입니다.

누군지도 모르는데 왜 아파트를 매매하는 사람이 부동산에 대해 잘 모른다고 단정 짓는지 이 글을 읽으시는 독자님들께서는 갸우뚱하실 겁니다.

특이한 경우 개별 물건에 따라 조금 다르거나 개인적인 상황에 따라 경우의 수가 있을 수도 있겠지만 물건분석(物件分析)과 권리분석(權利分析)을 잘할 수 있는 능력을 가진 사람이 아파트를 살까요?

돈 버는 주식은 따로 있디

부동산 중에 가장 돈이 안 되는 게 주거용 부동산입니다.

큰돈을 벌려면 주거용 부동산이 아니라 땅을 사야 합니다.

그런데 땅은 알아야 할 것이 너무나 많고 많은 지식을 필요로 합니다. 그래서 진입장벽이 높고, 심지어 전문가들도 작은 것 하나를 놓쳐서 물먹는 경우가 많습니다.

그런데 주거용 부동산은 잘 몰라도 크게 문제가 되지 않습니다. 집이 마음에 들면 공인중개사가 알아서 해주니까요.

그리고 아파트를 살 때 수도권에서 벗어나지 않고 시간이 몇 년 흐르면, 웬만하면 가격이 오릅니다. 그래서 누구나 쉽게 매매가 가능합니다. 대신 큰돈 버는 것은 힘듭니다.

주거용 부동산을 몇 번 매매해본 사람이 토임(사전적 의미는 토지임야의 줄임말이지만 전문가들 사이에서 "토임에 들어갔다"라고 이야기하는 것은 주로 나무가 없는 평평한 임야를 형질변경을 통해 인허가가 가능한 땅으로 바꾸는 과정을 말하며, 이를 "토임에 들어갔다"라고 이야기합니다)을 사서 농지전환 후 길을 연결하고 혹시 그 땅이 그린벨트 지역이라면 합법적으로 그린벨트를 해제해서 땅의 가치를 올릴 수 있을까요?

이게 가능한 사람이라면 주거용 부동산을 안 사겠죠.

자, 상황이 이렇습니다.

처음에 말씀드렸던, 땅을 사려는 사람이 부동산에 대해 잘 아는 친인척에게 조언을 구했다고 했습니다.

그분이 친척 어르신이라서 그분이 하시는 말씀을 신뢰할 수는 있다지만 사람을 신뢰하는 것과 전문분야에 대해, 특히 돈이 움직이는 살벌한 자본시장에 대해 조언을 구하는 것은 완전히 다른 영역입니다.

또 다른 예를 들겠습니다.

사람들은 몸이 안 좋은 곳이 있으면 지인들에게 병원을 추천해달라고 합니다. 그럼 지인이 추천해주는 병원으로 가는 경우가 많습니다.

예를 들면, "철수야! 근처에 정형외과 잘하는 데 있어?" 이렇게 물으면 "이 근처에 서울정형외과가 있는데 여기 잘한대." 이런 대화가 주로 이루어집니다. 그리고 추천해준 곳으로 가는 경우가 많죠.

그런데 질문한 사람이 조금 예민한 경우에는, 그 병원이 왜 좋냐고 한 번 더 묻습니다. 이런 경우 보통의 답변은 원장님이 친절하시고, 환자도 많고, 병원 시설이 깨끗하다고 합니다.

우리는 핸드폰을 수리하러 가는 것이 아닙니다. 우리 몸, 하나뿐인 우리 몸을 진료하러 갑니다.

고급스러운 인테리어와, 우리를 즐겁게 해줄 친절함이라는 서비스가 중요한 게 아닙니다. 병원을 선택할 때 가장 우선순위가 되는 것은 원장님의 의술이 어느 정도인지, 원장님이 내가 치료하려는 병을 잘 알고 계신지, 내가 치료하려는 병에 대한 경험이 많으신지가 가장 중요합니다.

이것을 확인하지 않고 병원에 간다면, 또는 내가 찾아간 병원 원장님이 내가 가진 병에 대해 경험이 별로 없는 분이라면 의과대학 수업 시간에 이 병에 대해 배웠던 몇 페이지 안 되는 지식을 기반으로 나에게 처방전을 만들어줄 겁니다.

그러니 가까운 지인에게 물을 것이 아니라 의학에 대해 잘 아는 사람에

돈 버는 주식은 따로 있다

게 자문을 구해야 합니다.

제가 가는 병원은 낡고 오래된 건물입니다. 20년이 넘은 낡은 의자와 테이블, 원장님 진료실에는 수많은 책이 바닥에 쌓여 있고 책을 다 놓기 어려울 만큼 책이 많습니다. 입원실도 낡고 오래되어서 시설이 좋지 않습니다. 저는 이 병원을 이용합니다.

원장님께서는 평생 의학 외에는 관심이 없으시고 허영심도 없습니다. 어떤 자동차를 타고 다니시는지도 알고 시계가 어떤 것인지, 옷차림과 신발까지 다 확인합니다. 그 병원 전 직원을 통해 내부 사정에 대해 많이 들었습니다. 병원의 재정 상태도 듣고 여러 가지 정보를 습득했습니다.

병원 재정 상태가 좋은 이유는, 불필요한 곳에 돈을 쓰지 않으니 재정이 어려울 이유가 없고 재정이 어렵지 않으니 과잉진료를 할 이유가 없습니다. 그리고 한 사람에게만 확인한 것이 아니라 이 지역에서 거주하는 자산가 한 분과 이 원장님이 친분이 있다는 것을 알아서 그분께도 세밀하게 질문하고 이야기를 들었습니다. 마지막으로 다른 병원 원장님(다른 진료과목)께도 자문을 얻었습니다.

몇 년 전 제 가족 중 한 명도 이 병원에서 수술을 했습니다.

수술 당시 이 원장님께 직접 수술을 의뢰하고, 특진비용을 추가로 지불했습니다. 마지막으로 수술 시간에 수술실 앞에서 그 원장님이 직접 수술실에 들어가는지 확인했습니다.

저는 지인에게 또는 신뢰할 수 있는 사람에게 물어본 것이 아니라 이 병원 직원(당시 총무과장)을 통해서 내부정보를 자세히 듣고 그 지역 다른 병원 원장님께도 자문을 구했습니다.

  병원에 가는데 왜 이렇게까지 알아보고 따지는지 이해가 안 되실 수도
있습니다.
  이유는 명확합니다. 의사라고 다 같은 의사가 아닙니다.
  건강은 돈으로 해결이 안 되는, 매우 중요한 요소입니다.

  투자도 우리 삶에서 매우 중요한 부분입니다.
  이렇게 정확히 알아보고 따지고 해야겠죠.

  작년쯤 누군가에게 연락이 왔습니다.
  제가 전에 출간했던 『현명한 투자자』를 읽고 연락을 주셨는데, 지인이
이야기해준 어느 제약바이오 회사에서 임상 3상이 조만간 좋게 발표될 것
이라는 이야기를 들었는데 그 이야기를 듣고 주식을 사셨고 결과는 3상
실패라고 해서 2일째 하한가를 맞았다고 합니다.
  더 큰 문제는 그분이 암 환자이신데 치료비가 조금 부족한 듯해서 이
주식으로 크게 수익을 내고 치료비로 쓰려고 했다는 말씀을 하셨는데 뭐
라고 답해야 할지 몰라서 답을 드리지 못했습니다.

  "제가 쓴 책에는 그렇게 하지 말라고 썼는데 책을 읽으시고 왜 그러셨어
요?"
  질문을 했는데 돌아온 대답은 다음과 같았습니다.
  "확실하다고 해서…"
  그 회사가 무슨 회사인지, 무슨 치료제를 개발하는지 여쭤보니 자세히

돈 버는 주식은 따로 있다

는 모르고 어떤 병에 치료가 확실한 신약을 개발한다고 하셨는데 저는 처음 듣는 회사이고 그 병이 무슨 병인지 들어도 잘 모르겠습니다.

그분은 제가 주식 전문가라 믿고 전화를 주셨는데, 저는 그 병명도 생소하고 회사 이름도 처음 들었고 정확히 무슨 사업을 하는 회사인지조차 모르는데 저한테 주식을 팔아야 하나 어떻게 해야 하나 물으셨습니다.

무슨 회사인지 나도 모르고 질문하시는 분도 모르고 서로 모르는데 더 대화가 어려울 것 같아서 그 주식 추천해준 분이랑 상의하시는 것이 좋을 것 같다고 이야기해드렸습니다.

이런 주식에 투자하려면 그 병에 대해 잘 아는 사람, 예를 들면 그 병에 대해 가장 권위자인 의사를 찾아서 진료를 보러 왔다고 접수 후 진료 보는 척 질문을 하거나 또는 관련 의학 서적을 찾아서 공부해야 알 수 있습니다.

인터넷 검색을 해보면 의학 논문이 많이 나옵니다. 이렇게 접근을 해도 쉽지 않은 분야인데 저같이 의학에 무지한 사람에게 물어보는 것은 전문가에게 묻는 게 아닙니다.

꼭 주식투자가 아니어도 마찬가지입니다.

우리가 살면서 만나는 모든 문제에 대해 다 알 수는 없습니다. 그런데 누군가에게는 그 문제가 쉬운 문제일 수 있겠죠.

그럼 이 문제의 본질이 무엇인지 정확히 파악하고, 누구에게 질문을 하고 지혜를 구해야 정확한 판단을 할 수 있는지 잘 살펴야 합니다.

그렇지 않다면 앞서 말씀드렸듯이 정형외과에 가서 임플란트를 물어보는 일이 생깁니다.

또 그 분야에 대해 정확히 알지 못하는 사람에게 투자 조언을 얻어서 의사결정을 진행한다면 그 결과는 되돌릴 수 없고 내가 다 감당해야 합니다.

내가 신뢰할 수 있는 사람이 아니라 이 일을 정확히 알고 말해줄 수 있는 전문가에게 물어야 합니다.

우리가 사는 세상은 단순하게 돌아가지 않고 우리 생각만큼 만만하지 않습니다.

주식이 오를 것이다, 이 주식을 사면 성공할 것이다 등등 이런 말을 자주 하는 유튜브 채널이 많습니다. 어느 분야든 쉽게 단정 지어 말하는 사람은 지식이 많지 않은 사람입니다.

책 한 권 읽은 사람이 위험하다고 하죠. 지식이 많이 쌓이고 아는 것이 많아질수록 고려해야 할 것들이 많아집니다. 그래서 단정 짓는 말을 쉽게 하지 못합니다.

임상에 성공하고 약 또는 치료제 개발이 성공해도 그 치료제 또는 약이 세상에 출시되지 못하고 묻히는 경우도 많습니다.

그래서 제약바이오 기업은 약 또는 치료제 임상에 성공하는 것과, 임상이 성공한 약 또는 치료제 양산에 성공해서 기업에 수익이 생기고 투자자인 나에게 이익을 가져다주는 것은 다른 영역입니다.

임상에 성공하는 것도 매우 낮은 확률이고 대단한 일입니다. 하지만 지식이 부족한 일반인들은 임상 성공에 고무되어 큰 희망을 걸고 많은 돈을 투자해 로또를 꿈꾸는 경우가 많습니다.

그게 100% 실패한다는 것은 아닙니다. 성공할 수도 있습니다. 문제는 확률이 너무 낮다는 것입니다.

　여기서 제가 투자자로서 매우 현실적이고 중요한 조언을 드리겠습니다.
　우리가 투자하는 이유는 돈을 벌기 위함입니다.
　여기서 돈은 다 같은 돈입니다. 어떤 돈에는 위험한 투자로 번 돈이라
써 있지 않습니다.
　우리는 단지 돈을 벌면 그뿐입니다.
　제약바이오처럼 기적을 일으켜야 하는 어려운 길 말고 쉽게 돈 버는
콜라, 사이다, 운동화 같은 기업들을 앞에서 여러 개 말씀드렸죠.

　쉽게 갈 수 있는 길이 있는데 확률이 낮고 위험한 길을 일부러 찾아
서 가야 할 이유가 있을까요?
　또, 안전한 주식이라 해도 수익률이 낮았나요?

8 개인투자자보다 기관, 외국인투자자가 유리하다

개인투자자들이 자주 손해를 보는 이유는 기관, 외국인투자자들보다 양질의 정보가 적고 투자금이 적어서 불리하다고 합니다. 많은 개인투자자들이 이렇게 말을 합니다.

제가 자신 있게 말씀드릴 수 있습니다.
사실이 아닙니다.

주식투자는 기관, 외국인투자자들보다 개인투자자가 유리합니다. 조금이 아니라 많이 유리합니다.

타당하고 객관적인 이유를 말씀드리겠습니다.
기관 또는 외국인투자자들은 주로 펀드를 이야기하는 경우가 많습니다.
펀드를 운용할 때 펀드매니저가 내 마음대로, 내가 하고 싶은 대로 운용하는 것이 아니라 펀드마다 정해진 규정이 있습니다. 그 규정 내에서 투자가 가능하며, 규정을 지켜가면서 펀드를 운용해야 합니다.
각 펀드마다 다르지만, 예를 들면 펀드에서 한 종목이 차지하는 비중이 몇 %를 넘어서는 안 되고 시가총액 1조 원 미만의 기업에는 투자해서는 안 되고 각 산업별로 나누어서 균형에 맞게 종목을 선정하는 등 펀드마다 성격이 다 다르지만 여러 가지 규정이 있습니다.

어떤 기업은 해당 펀드매니저가 보기에 작지만 매우 강한 기업이라 생각해서 앞으로 크게 성장할 기업으로 보이는데 시가총액이 5천억밖에 안 됩니다. 그럼 펀드 규정 때문에 현재 주식가격에서 두 배 오를 때까지 기다렸다가 두 배가 오르면 그때부터 매수 가능해집니다.

주식가격이 상승하는 것을 지켜보며 두 배 오를 때까지 기다린 후 매수 버튼을 누르는 펀드매니저는 얼마나 답답할까요?

그리고 어떤 종목이 너무 많이 올라서 규정에 정해놓은 일정 비율을 넘어가게 되면 펀드에서 한 종목에 너무 많이 치우쳐 있다고 위험관리 차원에서 비중을 줄여야 합니다. 그 종목을 가만히 놔두면 복리로 불어나서 펀드 수익률이 더 좋아질 수 있는데 규정상 그 주식을 일부 팔아야 합니다.

실제로 얼마 전 현존하는 최고의 투자자 중 한 명인 론 바론(Ronald Stephen Baron)이 운용하는 펀드에서 테슬라 비중이 너무 높아져 보유 주식 중 일부 매도를 해야 하는 상황에서 테슬라 주식을 팔고 싶지 않지만, 펀드 규정상 어쩔 수 없이 매도해야 한다며 인터뷰에서 슬픈 내색을 했습니다.

개인투자자들에게 이런 규정이 있나요?

저도 론 바론처럼 테슬라 투자자입니다. 제가 처음 테슬라 주식 매수 시점을 기준으로 20배가 넘게 상승했지만, 지금까지 1주도 팔지 않고 있습니다.

내가 무엇을 사든, 그 수익률이 얼마든 그에 대해 아무도 이야기하지 않습니다.

그리고 펀드매니저는 각 섹터별로 기업을 선정해야 합니다.

예를 들면 나는 철강산업에 대해서는 부정적으로 생각해서 투자하고 싶지 않지만, 펀드의 규정상 어쩔 수 없이 내가 싫어하는 종목을 넣어야 하는 경우도 있습니다.

하지만 개인투자자는 내가 투자하고 싶지 않은 산업에는 투자하지 않아도 상관없습니다. 수천 개의 기업 중 가장 좋아 보이는 기업 몇 개만 찾으면 됩니다.

펀드매니저는 아니죠? 수천 개의 기업 중 주식을 사야 할 기업의 수가 수십 개 또는 100개 이상이 될 수도 있습니다.

정보의 양과 질에 대해 불공정하다고 하는 경우도 있습니다.

과거에는 개인투자자보다 정보의 양과 질이 많았던 것은 사실이었습니다.

지금은 아닙니다. 우리에게는 google이 있으니까요.

펀드매니저가 아는 정보를 우리도 google을 통해 거의 다 얻을 수 있습니다.

여기서 동의하지 못하고, 기관들에게는 우리가 모르는 고급정보가 있지 왜 없냐고 되묻는 분들도 실제로 많이 있습니다.

실제로 그런 것은 없습니다. 우리의 상상 속에서 '이럴 것이다, 저럴 것이다' 생각할 뿐 현실에서는 그런 고급정보란 존재하지 않습니다.

실제로는 존재하지 않는 것을 개인투자자들은 내가 손실이 생기는 것은 내가 공부 안 하고 쓰레기 같은 주식에 투자해서가 아니라 기관들만 갖고 있는 고급정보가 없어서라고 생각하는 사람이 많습니다.

가끔 내부자 정보가 시장에서 유료 찌라시로 돌아다니는 경우는 있습니다. 그런데 한강에서 뛰어내리거나 차에서 가스 피워놓고 자살하는 경우는 대부분 이런 유료 찌라시 때문입니다.

저는 유료 찌라시로 얻은 내부자 정보를 이용해 투자해서 부자가 된 사람을 직접 본 적이 없고 들어본 적도 없습니다.

한두 번의 주식매매로 돈을 벌 수는 있겠지만 부자가 될 수는 없습니다. 부자가 되려면 장기간 복리수익을 얻는 것 외엔 다른 방법은 없습니다. 제가 모르는 어딘가에 찌라시로 부자 된 사람이 존재하는지는 모르겠습니다만 제가 아는 범위 내에서 실제로 보거나 들어본 적은 없습니다.

만약에 펀드매니저가 정확한 내부자 정보를 얻었다 해도 펀드 수익에 큰 영향이 있을까요?

앞서 말씀드렸듯이 펀드 내에서 한 종목이 차지하는 비중은 미미합니다. 기막힌 정보를 얻었다 해도 수십 개의 종목 중 한두 개에 불과합니다.

정확한 고급정보를 얻었다 하더라도 드라마틱한 무언가를 얻지는 못합니다.

그럼 개인투자자들이 주식투자에서 불리하다는 말이 왜 자꾸 나올까요?

주식으로 돈을 버는 사람보다 손해를 보는 사람이 많기 때문입니다. 그 이유와 문제가 나에게 있지 않고 남에게 있다고 생각하기 때문입니다.

기관투자자와 외국인투자자들에 대한 가장 큰 오해가, 개인투자자들은 알지 못하는 고급정보가 있어서 개인투자자들이 매일 손실을 입고 그 손실을 기관과 외국인들이 다 가져간다는 것입니다.

불법적인 내부자 정보가 존재하는 것을 부인하지는 않습니다.

그런데 개인투자자들은 이것을 알아야 합니다. 내부자 정보라는 것이 맞을 때도 있고 틀릴 때도 있다는 겁니다.

만약 확실한 내부자 정보이고 심지어 그 정보가 한 치의 거짓 없는 사실이라서 그 정보가 조선일보 1면 메인 뉴스로 크게 공개되었다면 우리는 설렘과 큰 기대를 갖게 됩니다. 그런데 현실은, 그 정보가 뉴스를 통해 공개되어도 시장에서는 시큰둥하게 반응해서 "그래서 뭐?" 이런 경우도 있습니다.

바이오 기업에서 어떤 신약이 임상 중인데 3상에 성공할 거라는 찌라시가 자주 등장합니다.

그런데 사실 임상이 성공할지 실패할지 해당 기업 CEO도 문서를 받기 전에는 미리 알지 못합니다. 해당 기업 CEO조차 알 수 없는 것을, 사람들은 고급정보라고 하면서 믿는 경우가 많습니다.

사람들이 좋아하는 고급정보가 맞을 때도 있지만 틀릴 때도 있다는 것, 그 고급정보가 틀림없는 사실임에도 시장에서는 별다른 반응이 없는 경우도 있다는 것입니다.

결국 그 정보가 맞을 때도 있지만 틀릴 때도 있다는 것이고, 그렇다면 성공 확률은 대충 반반이라는 것인데, 이게 무슨 고급정보일까요?

동전을 던지거나, 주사위를 던지거나, 고급정보를 듣거나… 여기에 차이가 있을까요?

돈 버는 주식은 따로 있다

CHAPTER 2.

역사 공부를
해야 하는 이유

1 항아리와 적금통장

조선시대 부자들은 대부분 지주라고 불렸습니다. 넓은 토지를 보유하고 있어서, 토지가 없는 사람에게 그 토지를 빌려주면 농사를 지어서 수확의 일부분을 지주에게 주었죠.

사실 좋게 표현해서 일부분이지, 농사짓는 사람보다 지주가 더 많이 가져갔다고 알고 있습니다. 그렇게 얻은 수익으로 다시 토지를 매입하고 또 소득이 들어오면 토지를 매입하는 방식으로 재산을 불려나갔습니다.

물론 모든 재산이 토지로 구성된 것은 아니었습니다. 현금자산의 일부로 채권을 가지고 이자를 받기도 했습니다.

당시 재산이 없던 일반 백성들은 알뜰살뜰 모은 돈을 어떻게 했을까요? 항아리에 담아서 보관하거나 베개 안에 넣기도 하고 이불 속에 넣어서 보관했습니다.

그나마 알뜰살뜰 돈이 모이면 다행이지만 내년에 농사지을 종자를 빼고 나면 먹을 것이 부족해서 고생하는 경우가 더 많았습니다.

이런 이야기를 들으면 아득한 옛날이야기로 들릴 겁니다.
이런 일이 조선시대에만 있었고 지금은 다를까요?
그렇지 않습니다. 지금도 조선시대와 별로 달라진 것이 없습니다.

돈 버는 주식은 따로 있다

과거에 지주들이 토지를 매입했던 이유는, 당시 쌀이 귀했기 때문입니다.

지금처럼 농업기술이 발달하지 못했기에 단위면적당 쌀 수확량이 적었습니다. 그래서 쌀에 매겨지는 경제적 가치가 지금보다 훨씬 비싸게 매겨졌습니다. 지금은 쌀이 흔해서 쌀에 대한 경제적 가치가 크지 않습니다만 과거 조선시대에는 쌀이 현금을 대체할 수 있을 만큼 경제적 가치가 컸습니다.

지금은 쌀의 가치가 옛날만큼 크지 않기 때문에 더 많은 부가가치를 찾아 자본이 이동합니다. 그래서 지금은 건물을 매입합니다. 조선시대 지주와 현시대 건물주를 비교하면 비슷할 겁니다. 그리고 부자가 아닌 일반 서민들은 알뜰살뜰 모아둔 돈을 은행에 예금합니다. 가장 안전하니까요.

과거에도 항아리 안에 보관하는 것이 가장 안전하다고 생각했습니다. 이 생각은 과거에도, 현재에도 다르지 않습니다. 다만 기술의 발전으로, 항아리에 물리적인 방법으로 돈을 보관하는 대신 은행을 이용해 편하게 보관하는 것이 차이점이죠.

과거에 부자들은 자산을 매입했고, 지금도 부자는 자산 매입에 힘씁니다.

마찬가지로 과거에 서민들은 항아리에 돈을 모으며 안전하게 지키는 것에 주력했고, 지금도 가장 안전하다고 믿는 은행에 보관합니다.

수백 년 전과 지금을 비교해도 과거 지주들과 현시대 부자들의 행동, 그리고 과거 농민의 행동과 현시대 서민의 행동 및 추구하는 방향에 큰 차이가 없는 것을 알 수 있습니다.

우리가 현재 부자가 아닌 서민이라면 무엇을 해야 할까요?

적은 돈이라도 저축이 아니라, 자산 매입입니다. 자산 매입을 하기 전 목돈 마련을 위해 잠시 은행을 이용할 수는 있어도 돈이 모인다면 자산 매입에 관심을 가져야 합니다.

과거에는 돈이 있어도 자산의 종류가 지금처럼 많지 않았기 때문에 투자가 제한적이었지만, 지금 우리는 더 좋은 세상에 살고 있어서 소액으로도 자산 매입을 시작할 수 있고 꾸준히 이어나갈 수 있습니다.

자산의 방향은 우상향으로 고정되어 있습니다.
현금의 방향은 우하향으로 고정되어 있습니다.
이 부분은 논쟁할 이유가 없이 정해져 있는 결과입니다.

2 1905년 을사늑약

    지금까지 계속 돈 이야기만 했습니다. 잠시 쉬어가는 시간을 갖는 의미로 역사 이야기를 하겠습니다.

    을사늑약을 이야기하면 가장 대표적으로 떠오르는 사람은 이완용입니다. 이완용은 을사오적, 경술국적, 정미칠적 이 세 가지에 모두 이름을 올려 그랜드슬램을 달성한 유일무이한 인물입니다. 그 외에도 많은 친일파들이 있었지만, 그중 이완용에 대해 이야기하려는 이유가 있습니다. 다른 친일파들은 술과 도박과 유흥에 빠져서 그 많던 재산을 탕진한 사람(이지용)도 있고, 본인 대에 잘살다가 자식들이 물려받은 후 재산을 말아먹은 경우가 대부분입니다. 실제로 재산이 후손들에게 넘어간 몇 안 되는 경우가 이완용입니다. 이완용의 특이사항이 있다면, 일본으로부터 받은 돈을 그냥 두는 것이 아니라 그 돈을 종잣돈 삼아 재테크를 잘했습니다.

    그는 반민족행위의 대가로 일본 정부에서 발행한 채권과 사업권을 받았습니다.

    사실 이완용보다 송병준이 더 많은 돈을 받았고, 돈을 벌기 위해 더 적극적으로 반민족행위를 했습니다. 이완용은 송병준보다 비교적 적은 돈을 받았지만 몇 년 후 약 300만 원까지 재산을 불립니다.

그가 재산을 불린 방법은 다음과 같습니다.

당시 한성은행의 주식을 매입하고, 일본으로부터 영구임대한 토지를 제 3자에게 편법으로 매각해 목돈을 얻었습니다.

그 돈으로 전라도 지역에 토질이 좋아 쌀 수확량이 잘 나오는 토지를 대량으로 매입 후, 일본이 그 지역을 개발하면서 토지가격이 상승하자 일본인에게 토지를 매각해 막대한 이익을 얻습니다. 한성은행 주식을 매입한 이유는, 일본이 한성은행을 이용해 조선의 질 좋은 자산을 헐값에 뜯어가곤 했기 때문입니다. 동양척식주식회사와 비슷한 일을 한 것입니다. 이러한 이유로 한성은행은 막대한 이익을 얻고, 그 이익은 주주들에게 귀속이 됩니다. 대부분의 주주들은 일본인들이었습니다.

결국 일본이 한성은행에서 얻은 이익을 가져가는 구조입니다.

이시영, 이회영 집안에서 재산을 정리 후 신흥무관학교를 설립했을 당시 추정 재산이 약 100만 원(급히 처분하느라 제값을 다 받지 못했음)이 안 되는 금액이었음을 생각할 때 당시 엄청난 재산을 가지고 있었던 것입니다.

이완용이 재테크에 뛰어난 모습을 보인 것은 특별한 계기가 있었습니다.

젊은 시절 육영공원을 졸업한 후 미국 외교관 생활을 했습니다. 시기는 조금 다르지만 비슷한 시기에 미국으로 건너간 사람이 몇 있었는데 대표적인 인물이 민영익, 유길준입니다.

민영익은 미국의 산업과 도시, 하늘 위로 솟은 높은 빌딩들을 보면서 큰 충격에 빠졌습니다. 민영익은 큰 충격에만 빠져서 살았지만, 유길준은 미국에 남아서 학교를 다니며 공부를 합니다.

이완용은 달랐습니다.

충격은 충격이고, 미국에 대해 공부하였으며 특히 자본주의에 대해 많은 공부를 하였습니다. 이렇게 자본주의적 사고가 머리에 확립되었기 때문에 빠른 재산증식이 가능했던 것입니다.

개인의 부를 위해 국가를 위험에 빠뜨린, 한국 역사상 가장 나쁜 인물 중 하나입니다.

그런 인물들이 당시 여러 명 있었지만, 앞에서 말씀드렸듯이 본인이 스스로 도박과 유흥으로 탕진하거나 자식 대에 가서 탕진하는 경우가 많았습니다. 하지만 이완용은 죽기 직전 유언에서조차 앞으로의 힘은 어디로 모일 것인지, 돈의 흐름을 어디에 두어야 하는지 교육했습니다.

그 결과 태평양전쟁에서 일본이 미국에 밀리는 것을 확인한 후 1943년 해방 직전 기막힌 타이밍에 모든 부동산을 매각해 현금화했습니다. 부동산을 매각하는 데 시간이 필요했던 것을 감안한다면, 일본이 미국에 항복하기 2년 전에 현금화한 것은 미래를 보고 온 것처럼 기막힌 타이밍이었습니다.

불행히도 다른 반민족행위자들에 비해 이완용 자손들이 유난히 부유하게 잘살 수 있는 것은 이완용이 자본주의를 잘 이해하고 재테크를 잘했기 때문입니다.

3 1907년 국채보상운동

1800년대 후반부터 1900년대 초까지는 대일 무역적자가 심했습니다. 일본은 당시 근대화 성공 이후 독점 자본주의 체제를 구축하며 빠른 경제성장률을 기록 중이었고 주된 소득원은 수출이었습니다.

일본의 수출은 적당한 품질과 저렴한 가격이 중요한 경쟁력입니다. 저렴한 가격을 유지하기 위해서는 무엇보다 인건비가 최우선입니다.

인건비를 낮추려면 높지 않은 임금에도 노동자들이 먹고사는 부분에 어려움이 없어야 가능한 일인데, 이 부분이 해결되려면 식비가 무엇보다 중요합니다.

그중 가장 결정적인 것이 쌀입니다. 그래서 일본은 강화도조약을 계기로 조선에 일본의 공산품을 비싼 값에 판매하고 그 대가로 쌀을 헐값에 가져옵니다.

일본에서 생산한 공산품은 비싼 가격에, 조선의 쌀은 저렴한 가격에 맞교환하는 형식입니다.

조선 입장에서는, 일본 공산품은 비싼 값에 수입해야 하고 쌀은 싸게 수출해야 하니 대일 무역수지가 엉망이 될 수밖에 없었습니다. 그럼 조선은 채권을 발행해야 하고, 그 채권은 일본이 매입합니다. 이런 일이 반복되면서 조선과 일본의 채무 관계는 해결이 어려운 상황에 놓이게 됩니다.

그 덕분에 일본은 시세보다 낮은 금액에 쌀을 얻어서 노동자들이 먹고

돈 버는 주식은 따로 있다

사는 부분을 해결하는 동시에 저렴한 인건비를 유지할 수 있었고, 그 결과 수출이 증가합니다. 일본의 공산품이 저렴하게 잘 팔릴수록 일본 공산품의 수요는 더 증가합니다. 일본은 더 많은 제품을 생산해야 하기 때문에 더 많은 공장을 지어야 하고 노동자들이 더 늘어납니다.

이제는 대일 무역적자는 두 번째 문제이고, 당장 조선 사람이 먹을 쌀이 없을 정도입니다. 그래서 조선 사람들은 농사를 지어서 쌀은 일본에 주고, 우리들은 감자나 옥수수로 끼니를 해결해야 하는 상황이 되었습니다.

이 시점에서 부녀자들을 시작으로 금가락지와 각종 귀금속을 팔아서 일본의 채무를 갚기 위해 돈을 모으기 시작하고, 남성들은 술과 담배를 끊고 일본의 채무를 갚기 위해 힘을 보탭니다. 이 사건이 그 유명한 국채보상운동입니다. 이 운동이 빠르게 퍼져서 전국으로 확산되었습니다. 앞에서 이야기했던 송병준을 중심으로 만들어진 '일진회'의 적극적인 방해로 국채보상운동이 성공하지는 못했습니다.

제가 말씀드리고 싶은 부분은 여기서부터입니다.

1907년 당시 조선이 일본에 갚아야 할 부채가 얼마였을까요? 도대체 채무가 얼마였길래 온 국민들이 힘을 모아야 했을까요?

당시 돈으로 1,300만 원입니다. 1,300만 원이라는 금액을 듣고 반응은 사람마다 다를 겁니다.

"겨우 그 정도밖에 안 되나?" 이런 분도 계실 것이고, "옛날이니까 그 정도면 큰돈이지." 이렇게 생각하실 수도 있습니다.

얼마 전 전국노래자랑 MC였던 송해 선생님께서 돌아가셨습니다. 그분 출생년도를 보면, 1927년도에 태어나셨습니다. 이 말은, 국채보상운동이 송해 선생님께서 태어나시기 20년 전에 있었던 일이라는 겁니다.

우리는 국채보상운동을 국사책에서 배우고 중학교, 고등학교 국사시험에 자주 등장하는 문제라서 역사로 생각하고 있습니다.

이게 함정입니다.

송해 선생님은 불과 몇 개월 전까지만 해도 전국노래자랑에서 뵈었던 분입니다. 그분께서 태어나시기 20년 전 일입니다.

국사 시간에 배우는 내용이라 우리는 먼 역사라고 시간 착각에 빠지지만 실제로는 그리 오래된 일이 아니라는 겁니다.

1,300만 원이 당시에는 조선이라는 나라를 일본에 뺏길 수도 있었던 큰돈이었지만 현재 1,300만 원은 국내에서 가장 저렴한 자동차 모닝을 구입하면서도 그중 가장 저렴한 모델인 '스탠다드' 등급을 구입할 수 있는 금액입니다.

차량가격, 탁송료, 책임보험(의무적으로 가입하는 가장 저렴한 보험)을 계산하면 인조가죽시트조차도 넣을 수 없고 겨울에 의자를 따뜻하게 해주는 열선시트도 넣을 수 없습니다. 바퀴는 알루미늄 휠이 아닌 플라스틱 커버가 씌워져 있는 스틸 휠(steel wheel)을 사용해야 합니다. 쉽게 요약하면 바퀴 4개와 자동변속기, 그리고 에어컨만 있는 자동차입니다.

현재 1,300만 원의 가치는 이렇습니다.

일제강점기 시절 백산상회 창업자 백산 안희재 선생님께서 평생 독립운

돈 버는 주식은 따로 있다

동을 위해 쓰신 돈이 약 50만 원입니다.

당시 백산상회는 조선 곳곳에 지점을 두고 있을 정도의 규모였습니다. 그런 백산상회에서 독립운동에 쓴 돈 총액이 50만 원입니다.

현재 대한민국에서 살고 있는 우리가 느끼기에 50만 원은 너무나 적은 느낌입니다. 중학생 한 달 학원비 정도 될까요?

아주 오랜 시간이 지나지도 않았는데 현금의 가치는 쓰레기처럼 변해가고 있습니다.

중간에 박정희 대통령이 화폐개혁을 했던 부분도 고려해야 하지만 그것을 감안하더라도 현금의 가치가 빠른 속도로 쪼그라들고 있다는 것은 역사를 통해 알 수 있습니다.

제 개인적인 의견 하나 이야기하겠습니다.

국채보상운동의 연도를 맞히는 국사시험에서도 답을 잘 써야 하지만 실질적으로 그 일이 우리에게 어떤 교훈을 주었는지, 우리가 배워야 할 점이 무엇인지, 같은 일이 반복되게 하지 않으려면 무엇을 반면교사로 삼아야 하는지가 더 중요하다고 생각합니다.

현금의 가치가 갈수록 빠르게 줄어들고 있다는 것을 모르는 사람은 없을 거라 생각합니다. 현금의 가치가 하락한다는 것을 다르게 이야기하면, 이는 자산가격이 상승한다는 말과 같은 의미입니다.

그럼 우리가 노후에 가난하지 않게 편안한 노후를 보내려면 현금을 보유해야 할까요? 아니면 자산을 보유해야 할까요?

또, 시간은 현금을 보유한 사람의 편일까요?

아니면 자산을 보유한 사람의 편일까요?

4 Standard oil

1859년은 석유가 발견되었던 해입니다.

당시 많은 자본이 유전에 몰렸습니다. 너도나도 앞다투어 유전에 투자했고 유전이 한두 개씩 늘어나기 시작했습니다.

이때 젊은 사업가 록펠러(John Davison Rockefeller)가 나타납니다.

많은 사람들이 유전에 집중하여 유전으로 돈이 몰릴 때 록펠러는 석유의 부가가치가 정제가공에 있다고 판단합니다. 당시 클리블랜드에 작은 석유 정제소를 시작했는데 이 작은 정제소가 그 유명한 스탠다드 오일(Standard oil)의 시작입니다.

석유의 부가가치가 원유시추에 있는 것이 아니라 정제가공에 있다는 그의 생각은 적중했습니다. 원유시추량이 늘면서 원유가격은 하락하였지만, 원유가격의 하락과 상관없이 정제소의 매출은 갈수록 늘어났습니다.

그러던 어느 날 포드자동차의 창업자 헨리 포드(Henry Ford)가 나타납니다.

당시 자동차는 소수의 부자들만 이용하는 사치품의 이미지였는데 컨베이어 벨트를 이용한 대량생산에 성공하면서 자동차의 가격이 크게 하락하고 대중들이 자동차를 소유할 수 있게 되었습니다.

자동차가 대중화되기 전 석유 사용량은 적었지만, 자동차가 대중화된 후에는 한 가정에서 한 달 사용 가능한 양의 석유를 자동차는 한 번의 주유로 끝내버리며 석유의 소비는 무섭게 늘어났습니다.

당시 돈을 모아서 요새 유행하는 자동차 나도 있어야 한다는 이유로 유행에 따라 자동차를 구입한 사람이 있을 것이고, 자동차 살 돈으로 스탠다드 오일의 주식을 산 사람이 있을 겁니다.

그 차이가 어떻게 되었을까요?

스탠다드 오일의 시장점유율은 약 90% 정도였습니다. 스탠다드 오일이 아니면 석유를 공급받을 수 없다는 뜻이죠.

기업의 가치는 빠르게 상승했습니다. 자동차가 없이 몇 년 불편하게 생활했던 사람은 주가 상승과 배당금으로 충분한 보상을 받았습니다.

석유 사업은 현재까지 계속 성장했습니다. 기술의 발전과 제조공장의 증가, 소비의 증가로 인해 공장은 끝없이 계속 가동되어야 했고 거기에는 반드시 석유가 있어야 했습니다.

그로부터 100년 후인 지금도 석유 없이 세상은 돌아가지 않습니다.

투자를 할 때 빼놓을 수 없는 이야기 중 하나가 석유 이야기이고, 석유를 이야기할 때 빼놓을 수 없는 것이 원유선물거래(原油先物去來)입니다.

선물거래는 처음 만들 때 투기를 위해 만든 것이 아닙니다.

먼저 원유생산구조를 알아야 합니다.

원유를 생산할 때는 베네수엘라처럼 바다에 나가서 시추하는 경우도 있고 중동 지역처럼 땅에서 쉽게 시추하는 경우도 있습니다.

돈 버는 주식은 따로 있다

원유가 바닥에 있다는 것을 안다고 해서 무조건 원유를 뽑아낼 수 있는 것은 아닙니다. 한번 유전을 개발해서 시추를 시작하면 멈추지 못합니다. 지금 기름값이 비싸니까 지금 뽑아내서 많이 팔고 가격이 하락하면 석유 시추를 중지하고 다시 기름값이 상승하면 많이 뽑아서 비싸게 팔고 이렇게 할 수 있으면 너무나 좋겠죠.

하지만 원유는 그렇지 못합니다. 한번 뽑아내기 시작하면 멈출 수 없습니다. 손실이 생기든 이익이 생기든 계속 뽑아내야 합니다. 기름값이 하락하면 손해를 감수하면서도 계속 석유를 뽑아야 합니다. 그 이유는, 석유 시추를 멈추면 유전이 말라버려서 다시는 석유를 생산할 수 없기 때문입니다.

기름값이 저렴할 때도 있지만, 기름값이 비쌀 때는 미국이 사우디에 방문해서 석유 증산 요청을 합니다. 사우디 입장에서는 이걸 받아들이기가 힘듭니다. 석유를 증산해달라는 미국의 요청을 풀어서 설명하면, 지금의 비싼 기름값이 내 대통령 임기 내에 지속된다면 다음번 대선에서 재선이 어려우니 지금 석유 생산량을 늘리라는 겁니다. 혹시 앞으로 기름값이 하락해서 손실이 발생하면 그건 나한테 이야기하지 말고 사우디가 알아서 하고, 지금 비싼 기름값을 하락시켜서 정치적으로 내가 이익을 얻도록 해달라는 말입니다.

이 이야기가 기사에는 단 한 줄로 나옵니다.
'미국 대통령이 원유 증산 요청을 위해 사우디를 방문했다.'
원유 생산이 전부가 아닙니다. 유전을 개발해서 원유를 생산하려면 엄청난 기반시설이 필요합니다. 유전 하나를 유지하는 데 고정 지출이 우리가 생각하는 규모 이상입니다.

자, 이제 석유 생산자 입장을 충분히 이해하셨을 거라 생각합니다. 석유 생산이란 이렇게 만만하지 않습니다.

그럼 우리는 삶에서 꼭 필요한 석유를 얻기 위해 무엇을 해야 할까요?

가격 하락이라는 원유 생산자들의 부담을 최소화시켜야 안정적인 원유 공급이 이루어질 수 있습니다.

그래서 원유선물이 등장했습니다.

원유선물은 이렇습니다.

다음 달에 원유가격이 상승할 것이라 생각한다면 지금 사두는 것이 이익일 겁니다. 그래서 다음 달에 현재의 가격으로 살 수 있는 권리와 의무를 계약하는 겁니다.

예를 들어 지금 원유가격이 1배럴당 50달러인데 지금 50달러 가격으로 다음 달 15일에 5천만 원어치 사겠다는 약속입니다.

그 약속을 선물계약이라고 합니다.

그리고 다음 달 15일에 원유가격이 60달러가 되면 나는 50달러에 살 수 있으니 이익이 되고, 반대로 40달러가 되면 나는 50달러에 사야 하니 손해가 됩니다. 이 약속은 반드시 지켜져야 하는 법적 효력이 있는 계약이라 취소 또는 변동사항은 없습니다. 무조건 계약 이행이 되어야 하는 권리이자 의무입니다.

한국에서 빅히트엔터테인먼트라는 이름으로 주식시장에 상장된 회사가 있습니다.

BTS의 소속사로 유명한데, BTS 팬의 '팬심'으로 이 주식을 사는 사람이 많았다고 합니다. 그런데 주식이 상장된 후 주가가 연일 하락하자 주식을

돈 버는 주식은 따로 있다

산 사람들이 잘 모르고 샀으니 환불이 가능하냐는 글이 인터넷에 엄청 많이 올라왔고 글이 너무 많이 올라와서 기사에도 여러 번 나왔습니다. 기억에 남는 것 중에는 대학교 등록금을 주식에 넣었는데 환불이 안 되냐고 하는 것도 있었고, 어떤 분은 시집갈 때 쓸 돈으로 주식을 샀는데 주가가 하락했으니 환불 가능하냐는 글도 있었습니다.

선물계약은 이런 식으로 나에게 불리하다고 해서 환불해주거나 계약을 취소할 수 없습니다.

다음 달 15일에 약속대로 1배럴당 50달러에 5천만 원어치 원유를 사야 합니다. 이건 실제로 드럼통 가져가서 정말로 기름을 사야 하는 것입니다.

그런데 원유선물을 사는 사람들 중 실제로 석유를 사려고 하는 경우는 거의 없습니다. 주로 금융을 이용한 파생상품에 투자하는 경우가 많습니다.

그래서 기름을 사야 하는 날짜 전에 1배럴당 50달러에 사기로 한 그 계약을 다른 사람에게 판매합니다. 현재 기름값이 40달러이면 그 시세에 맞게 팔게 됩니다.

이 계약을 체결하는 과정에서 수수료가 발생합니다. 사는 사람과 파는 사람을 연결해주는 비용이 있기 때문입니다. 이런 비용이 발생하기 때문에 여러 번 반복해서 선물계약에 투자하면 손실이 누적됩니다.

그러면 이런 생각 하시는 분이 계실 겁니다. 팔지 말고 계속 갖고 있으면 언젠가는 기름값이 오를 테니 기름값이 오르면 그때 팔면 될 거라 생각할 수 있죠.

시간이 지나면 기름값이 내가 산 금액보다 오르는 날이 있을 거라는 말에는 저도 동의합니다.

그런데 우리는 원유 현물을 산 것이 아니라 선물계약을 산 것입니다. 시간이 지나면 원유가격이 오르는 것이 아니라 계약 만기가 돌아옵니다.

처음 계약 당시 맺었던 약속을 이행해야 하므로 원유가격이 얼마가 되었든 처음 약속된 날짜에 반드시 원유를 사야 합니다.

이것을 주식을 산 것과 혼동하면 안 됩니다. 주식은 여러분들께서 갖고 계시고 싶은 만큼, 5년이든 10년이든 심지어 50년을 들고 있어도 아무도 이야기하는 사람이 없습니다.

하지만 우리가 투자한 것은 현물이 아니라 선물계약입니다. 이것을 주식처럼 장기보유하고 싶다면 가능하긴 합니다. 원유를 사기로 한 계약 당일 드럼통을 여러 개 들고 미국 원유현물거래소에 가서 5천만 원어치 살 수 있습니다. 그리고 집 앞 마당에 기름을 가득 담은 드럼통을 보관하면 됩니다.

선물투자자가 계약 만기 며칠 전 실제 원유를 사지 않고 원유를 사겠다는 계약에 대한 매도의사 표시를 하지 않는다면 강제적으로 미국의 원유현물거래소에 가서 원유를 사야 합니다. 계약대로 5천만 원어치 기름을 1배럴당 50달러에 구입하지 않는다면 국제사법재판소의 문서가 집으로 날아옵니다. 5천만 원어치 원유가격과 5천만 원어치 원유 보관비용, 그리고 소송비용, 기타 금융비용을 청구하는 재판을 해야 합니다. 계약을 이행하지 않았기 때문에 모든 비용은 내가 지불해야 합니다.

제가 말씀드리고 싶은 것은, 선물계약은 장난이 아니라는 겁니다. BTS 주식처럼 "잘 모르고 주식을 샀는데 주가가 하락했으니 환불 되나요?" 이런 말은 절대 통용되지 않는다는 겁니다.

돈 버는 주식은 따로 있다

선물거래는 처음에 만들 당시 투기를 목적으로 만든 것이 아니었습니다. 곡물가격, 원자재가격, 에너지가격, 기타 우리 생활에 영향을 미치는 큰 부분들의 가격 안정과 안정적인 공급을 위해 만든 제도가 선물거래입니다. 저는 개인적으로 선물거래는 하지 않습니다.

그리고 독자님들께도 선물거래는 추천드리지 않습니다.

선물거래는 미래의 가격을 맞히는 겁니다.

신이 인간을 창조할 때 미래를 알 수 있는 능력은 허락하지 않았습니다. 이는 신약성경 야고보서에도 기록되어 있습니다.

우리 스스로 우리 능력에 대한 객관화가 되어야 투자를 잘할 수 있다고 생각합니다.

선물거래 안 해도 돈 버는 것에는 아무 문제가 없습니다.

그렇다고 선물거래가 나쁘다고 이야기하는 것은 아닙니다.

불법이 아니니까요. 다만 위험이 너무나 큽니다.

선물계약이 어떤 것인지 개념 이해 정도만 하시는 것을 추천드립니다. 큰 위험을 감당하지 않아도 큰 수익을 얻는 것은 어렵지 않습니다.

5 이번엔 다르다

세상에서 가장 비싼 말이 "이번엔 다르다"입니다.
이번엔 다르다는 생각을 하는 순간 막대한 수험료를 지불해야 합니다.

다시 말씀드립니다.
세상에서 가장 비싼 말은 "이번엔 다르다"입니다.
투자자는 항상 인지해야 합니다. 역사에서 같은 사건이 반복되지는 않지만 비슷한 사건이 비슷한 패턴으로 반복됩니다.

이번엔 다르다는 말을 믿는 사람이 주식투자를 한다면 죽기 전까지 가난을 벗어나지 못합니다. 제가 장담할 수 있습니다.
사람들은 이번 하락은 다르다고 생각합니다. 그리고 주식시장이 회복되면 그 순간을 잊어버립니다. 상승 후 다시 하락이 찾아오면 이번엔 다르다고 생각합니다. 이번엔 다르다는 생각으로 보유 주식을 팔아버립니다.

요약하면, 비쌀 때 사서 쌀 때 팔아버립니다.
주가가 상승하면 다시 잊어버립니다. 이 패턴이 계속 반복됩니다.

돈 버는 주식은 따로 있다

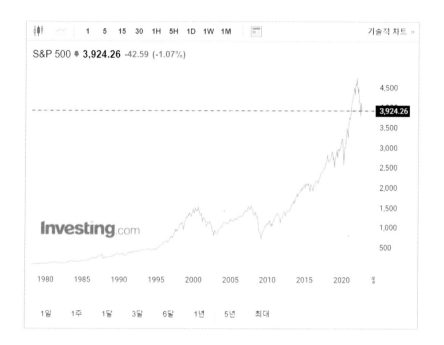

이 차트는 1970년대 후반부터 현재까지의 그래프입니다.

1970년대에는 오일쇼크가 있었습니다. 당시 1달러 미만이던 국제유가가 50달러까지 치솟고 세계 경제는 망한다고 이야기했습니다.

자본주의가 붕괴되고 세상이 망할 것 같던 그 시기 S&P500지수는 2년 하락했습니다. 위 차트에서는 눈에 띌 만큼 표시도 나지 않습니다.

코로나 시절에는 원유선물거래가 마이너스 가격에서 체결된 적이 있습니다. 잘 살펴보면 이 거래를 정상적인 거래로 보기는 어렵습니다.

앞에서 원유선물계약에 대해 이야기했듯이 원유선물투자는 실제 원유를 드럼통에 담아서 집에 가져가려는 것이 아니라 원유가격의 상승 또는 하락에 베팅해서 돈을 벌려는 경우가 대부분입니다. 그런데 당시 세계 어느 나라에도 원유를 더 이상 보관할 장소가 없는 상황이라 아무도 사지 않으려고 했습니다. 그래서 정해진 시간 내에 선물계약을 팔지 않으면 드럼통을 들고 원유현물거래소에 가서 원유를 드럼통에 담아야 하는 상황이라 이 상황을 피하기 위해 마이너스 가격에 체결한 것입니다.

마이너스 가격에 매수한 사람도 매수 호가에 걸어놓은 것이 우연히 체결된 것이지 큰 의미를 부여할 만한 일은 아닙니다.

지난 일이니 다 아는 것처럼 쉽게 말하는 것이냐고 물을 수도 있습니다. 주식 책 쓰는 사람이 거의 그러니까요. 지난 일이니 다 알고 있던 것처럼 스스로를 포장하는 경우가 많습니다.

그런데 저는 당시에도 원유선물거래가 마이너스 가격에 체결된 것을 보고 웃고 넘겼습니다.

여기서 우리가 알아야 할 사실이 있습니다.

"이번엔 다르다"입니다.

오일쇼크 때는 국제유가가 비싸서 사람들이 공포에 질렸습니다. S&P500지수가 2년간 하락했으니까요.

제가 태어나기 전에 있었던 일이라 직접 보지는 못했지만 어른들 이야기를 들으면 세상이 망할 것 같았다고 합니다.

그리고 코로나 시절에는 기름값이 너무 싸서 문제였습니다. 소비는 둔화되고 그로 인해 원유 소비가 이루어지지 않아 기름값이 폭락하고 불경기가 오랫동안 지속될 것이고 창세기 이후 한 번도 겪어보지 않았던 장기침체가 올 것이라고 많은 전문가들이 이야기했습니다. 주식도 단기간에 많이 하락했습니다.

돈 버는 주식은 따로 있다

잘 보세요. 사람들은 기름값이 비쌀 때는 비싸서 문제이고 기름값이 쌀 때는 너무 싸서 문제입니다. 싸도 문제이고 비싸도 문제이고 사람들은 항상 문제입니다.

이번엔 다르다는 생각이 이렇게 만드는 겁니다.

이 일이 국제유가에서만 있었던 일일까요?

2000년대 초반 IT 버블이 터졌습니다. 인터넷과 IT를 기반으로 일어났던 많은 기업들이 사라졌습니다.

사람들은 기술주의 시대가 끝났다고 단정 지었고, 당시 많은 기술 관련 기업들이 파산했습니다. 그 후 지금 세계에서 가장 비싼 기업들 순위를 보면, 아람코를 제외하고 1위부터 10위까지 기업 중 반 이상이 기술 관련 기업입니다.

2000년대 초반 당시 이번 거품은 다르다고 거의 모든 전문가들이 이야기했습니다. 이 말을 듣고 이번엔 다르다고 생각한 사람은 보유 주식을 매도했을 겁니다. 이번엔 다르다는 생각에 비싼 대가를 현금으로 지불하게 되었습니다.

3년간 S&P500지수가 하락했습니다. 지금은 사람들이 거의 기억조차 못합니다.

지난 40년을 나타내는 긴 차트에서 어느 부분이 IT 버블이었는지 이야기하라고 하면 몇 명이나 이야기할 수 있을까요? 주식을 좀 하는 사람이 아니라면 대답할 수 있는 사람은 많지 않을 겁니다.

어디선가 IT 버블이라는 말을 듣긴 들었지만 정확히 어느 정도의 주식시장 붕괴가 있었는지조차 잘 모릅니다. 심지어 이번엔 무엇이 다르다고 했었는지조차 기억도 나지 않습니다.

이번엔 더 임팩트 있는 이야기를 할까요?

2008년도 리먼브라더스 파산입니다.

이 사건은 비교적 최근에 있던 일이라 기억하시는 분도 있으실 겁니다.

주택가격을 기초자산으로 이루어진 파생상품의 버블이 터져서 그 피해액이 승수의 승수를 거쳐서 정확한 피해액을 계산하는 것조차 어려운 상황이었습니다. 당시에는 이번엔 진짜 다르다고 했습니다.

"이번엔 다르다가 아니라 이번엔 진짜 다르다"였습니다.

심지어 자본주의가 붕괴되고 금융시장 전체가 사라질 수 있다고 전 세계 언론이 이야기했으니까요.

100년에 한 번 일어나는 큰 하락이라고 했는데 이때 S&P500지수가 고점을 기준으로 37% 하락했습니다. 당시 가장 비쌀 때 S&P500지수에 투자해서 고점에 물려 있었어도 지금 와서 보면 굉장히 저렴한 가격에 투자한 사람이 됩니다. 당시에는 이번엔 진짜 진짜 다르다고 했던 이야기도, 지나고 보면 다른 것은 없었습니다.

그럼 지금까지는 '이번에도 다르지 않았'지만 차후 또 다른 위기가 왔을 때 그때는 진짜 진짜 진짜 다를 것이라고 생각하는 분이 계시다면 그분은 또 비싼 대가를 현금으로 지불해야 할 겁니다.

주식투자를 하다 보면 누구든 피할 수 없는 것이 주가 하락입니다. 사람들은 주가 하락을 만나기 싫어서 주식의 가격을 맞히려고 노력합니다.

내일 주식의 가격이 얼마가 될지, 주식이 오를지 하락할지 그것에 대한 답이 주식 차트에 있고 차트를 잘 보고 맞힐 수 있다고 생각한다면, 또는 맞힐 자신이 있다면 그렇게 하면 됩니다.

돈 버는 주식은 따로 있다

그런데 내일 일을 맞힐 자신이 없다면, 맞히려고 노력하는 것이 아니라 일어난 일에 대해 현명하게 대응하면 됩니다.

조금 지난 일이지만, 애플에서 분기 실적발표 후 다음 분기 실적 가이던스를 제시하지 못했던 적이 있습니다. 반도체 수급 문제와 기타 공급망 문제 때문에 다음 분기 실적 가이던스를 제대로 제시하지 못하여 주가가 하락했습니다.

같은 시기 나이키도 공급망 이슈 때문에 분기 실적이 좋지 못했습니다. 그 이유로 주식의 가격이 하락했습니다.

애플에서 아이폰을 만들고 나이키에서 운동화를 만들었는데 그 제품을 시장에 내놓았을 때 팔리지 않는다면 저는 문제라고 생각합니다. 그런데 물건이 없어서, 공급망 이슈로 인해 재료가 부족해 만들지 못하고 결국 물건이 없어서 못 판다고 하는데 이걸 문제라고 해서 주가가 하락합니다.

워런 버핏 회장님께서 지능이 100 이상만 된다면 주식투자로 돈 버는 데 아무 문제가 없다고 자주 이야기했습니다.

이제 그 이유를 아실 겁니다.

초등학생한테 질문을 던져보세요. 나이키에서 신발이 없어서 못 파는 게 문제일까? 아니면 신발을 팔려고 시장에 내놨는데 안 팔리는 게 문제일까?

초등학생이 어떤 대답을 할까요?

실제로 초등학생 두 명에게 직접 물어보았습니다. 직접 들은 대답은, 소비자들이 안 사는 것과 없어서 못 사는 것은 다르다고 이야기합니다.

나이키에서 신발이 출시되어도 안 사는 것은 이미 브랜드가치가 바닥으로 떨어진 거라 심각한 문제지만, 없어서 못 사는 것은 신발의 희소성이 커진 것이고 나중에 신발이 정상적으로 공급되면 매출이 폭발할 것이라고 합니다.

그리고 마지막에 하는 말은, 나이키는 죽지 않는다며 초등학생이 저한테 지금 모니터 뒤에서 소리 지르며 이야기하고 있습니다.

초등학생도 1분 안에 대답할 수 있는 문제를 어른들은 이 문제를 못 풀어서 해당 기업의 주가가 하락합니다.

그래서 주식시장에서 돈을 벌지 못하는 일은 있어서는 안 되는 일입니다.

돈 버는 주식은 따로 있다

6 인간의 욕심은 끝이 없고 똑같은 실수를 반복한다

사람들이 주식투자로 손실을 겪는 이유에는 여러 가지가 있을 수 있지만 대부분 한 가지 이유로 귀속됩니다.

그 한 가지 이유는, 주식이 아니라 쓰레기를 샀다는 것입니다.

쓰레기 처리장에 가서 재활용조차 안 되는 쓰레기를 구입하기 위해 수년간 절약하며 힘들게 모은 돈의 대부분을 지불하는 사람은 없을 것 같죠?

저는 너무 많이 봐서 몇 명인지 셀 수가 없습니다.

저한테 묻는 경우가 많습니다. 어떤 주식을 샀는데 주가가 많이 하락해서 어찌해야 할지 모르겠다는 질문이 많습니다.

기업의 이름을 들어보면 처음 듣는 회사이고, 알고 싶지도 않고 듣고 싶지도 않은 내용의 기업들입니다. 암을 치료하는 신약을 임상 중이라든지 쌀보다 작은 크기의 로봇이 몸속에 들어가서 의사 대신 수술을 할 수 있는 기술을 연구하는 회사라든지 또는 획기적인 방법으로 인간이 점령하지 못한 어떤 질병을 해결할 수 있는 신약에 대한 임상시험을 준비하거나 블록체인 기술을 이용한 결제가 법으로 인정되기만 한다면 엄청난 돈을 벌 수 있다는 회사도 들어봤습니다.

이런 걸 쓰레기라고 부릅니다.

우리 집 앞마당에 항공모항이 들어오면 저도 큰돈을 벌 수 있습니다.

사람들은 쓰레기 소각장에 가서 쓰레기를 구입한 후 이 쓰레기가 보물이 되길 희망하며 기다립니다.

그 쓰레기를 산 이유는 하나입니다.

"크게 오를까 봐…"

이게 유일한 매수 이유입니다.

그리고 이 쓰레기를 파는 이유도 한 가지입니다.

"더 떨어질까 봐…"

이것이 이 주식을 매도하는 유일한 이유입니다.

그럼 이 쓰레기를 어떻게 알게 되었는지 물으면 이 질문에는 거의 한 가지 대답만 존재합니다.

"잘 아는 사람의 추천으로…" 또는 "주식 리딩방의 추천으로…"

그리고 그 잘 아는 사람은 항상 믿을 만한 사람, 신뢰할 만한 사람입니다.

이 장의 제목은 '인간의 욕심은 끝이 없고 똑같은 실수를 반복한다'입니다.

사람들이 땀 흘리며 힘들게 얻은 노동의 가치로 쓰레기를 사는 이유는 욕심입니다. 욕심이 뇌를 지배하기 때문입니다.

그래서 같은 일이 반복됩니다.

주식은 로또가 아닙니다. 기업에 투자하는 건전한 행위입니다.

이런 주식을 사는 사람들한테 질문을 합니다.

1년에 20% 수익을 얻으면 만족하냐고 질문을 합니다. 10명이면 10명 모두 1년에 20% 먹을 거라면 주식을 왜 하냐고 되묻습니다.

돈 버는 주식은 따로 있다

욕심이 뇌를 지배하는 것입니다. 이런 쓰레기를 사서 돈을 벌기를 바라는 것 자체가 이치에 맞지 않습니다.

시간이 지나서 비싼 대가를 지불하는 순간 내가 잘못했다는 것을 알게 되면 그나마 다행이지만 문제의 원인이 나에게 있지 않고 주식 자체가 도박이고 위험하기 때문이라고 합니다.

쓰레기가 아닌, 나쁘지 않은 그냥 그런 기업에만 투자해도 안타깝긴 하지만 다시 재기가 가능합니다. 너무 큰 손실이 아니라면요.

그런데 시간이 지나면 똑같은 일이 또 일어납니다.

이번엔 더 확실한 사람, 더 신뢰할 수 있는 고급정보를 듣게 됩니다.

사람들이 신뢰할 수 있는 사람 혹은 주식 고수의 조건 중 중요한 요소가 그 사람이 주식으로 돈을 잘 벌었다는 풍문입니다.

예를 들면 비싼 시계가 있거나 청담동에 집이 있다거나 슈퍼카를 끌고 다닌다거나 호텔에 자주 간다거나 해외여행을 자주 다니며 경제적 독립을 얻었다거나, 이렇게 보여지는 것들이 인스타그램에 자주 올라오면 신뢰할 수 있는 조건이 됩니다.

여기서 팩트 체크 하나 하고 가겠습니다.

주식투자로 큰돈을 번 사람은 한 가지 경우만 존재합니다.

제가 이야기하는 큰돈은 다른 사람들의 기준보다 높습니다.

주식투자로 큰돈을 버는 경우는 '장기적인 복리수익' 이외에는 없습니다.

다른 경우는 없는데, 없는 것을 있는 것처럼 슈퍼카와 명품을 통해서 속이는 것이 사기입니다.

예를 들어 독자님들한테 현금 1억 원이 있습니다.

연 20%씩 10년간 복리수익을 얻었습니다.

10년 후 배당금 제외한 주가 상승만 계산해도 6억 2천만 원이 됩니다. 여기서 10년이 더 지나면 38억 원이 됩니다.

1억 원이 20년 후에는 38억 원이 됩니다.

20년 동안 배당금을 치킨 안 사 먹고 재투자했다면 38억이 아니라 그 이상이 될 겁니다.

투자를 잘하는 사람이라는 말을 다르게 말하면, 복리수익을 만들 수 있는 사람입니다.

보통의 사람한테 1억 원은 벤츠 한 대 살 수 있는 돈이지만 복리수익을 만들 수 있는 사람한테 1억 원은 벤츠 값이 아닙니다. 미래에 10억이 될 수도 있고 50억이 될 수 있는 씨앗으로 보이지 물건을 사는 용도로 보이지 않습니다.

저조차도 현재 2008년식 모닝을 타고 다닙니다. 이외에 다른 수입차를 타거나 하지는 않습니다. 그래서 저를 가난하게 보는 경우가 종종 있습니다.

그럼 투자에 성공한 부자들은 돈으로 자기를 꾸미는 것에 과하게 돈을 쓸까요?

사람에 따라 차이가 있을 수 있지만 복리수익을 만들 수 있는 사람에게는 그 행동이 쉽지 않습니다.

이유는 복리를 이해하기 때문입니다.

지금 이 현금이 미래에 얼마로 불어날지 모르는데 시간이 지나면 가치가 하락하는 물건들에 돈을 쓰는 것이 고통스러운 일입니다.

그래서 투자로 큰돈을 번 사람은 슈퍼카와 고급스러운 생활을 어색하게 느끼고 사치품들을 즐기지 않는 경우가 많습니다.

그럼 장기간 복리수익을 얻어서 부자가 된 사람이 사람들에게 슈퍼카와 비싼 명품을 흔들며 이 주식 사라고 이야기할까요?

아직 부자와는 거리가 먼 제 수준에서만 보더라도 타인이 갖고 있는 명품이나 비싼 외제차는 부러움의 대상이 되지 않습니다. 비싼 자동차와 물건이 꼭 필요하면 카드 또는 할부가 아닌 현금으로 여러 개 살 수 있으니까요. 내가 그 물건을 갖기 힘들고 가질 수 없을 때 그 물건이 커 보이지, 내가 언제든지 살 수 있을 때는 그 물건의 가치가 내 마음을 흔들 만큼 크게 느껴지지 않습니다.

그거 살 돈이 있으면 주식을 하나 더 사지, 시간이 지나면 가치가 하락하는 것을 알면서도 사고 싶지는 않다는 생각이 머리를 지배하고 있기 때문입니다.

워런 버핏 회장님께서 젊은 시절 이발소에서 머리를 자를 때마다 신경질 부리고 화를 냈다는 일화가 있습니다. 이 돈을 투자해야 하는데 쓸데없이 머리가 계속 자라서 돈이 새어나간다는 이유에서입니다.

지어낸 말인 줄 알았는데 지인한테 들으니 실화라고 합니다.

워런 버핏 회장님의 결혼 초반 아내가 집을 사자고 했습니다. 당시 청년 버핏은 집은 절대 살 수 없고 사지 않을 것이라며 심하게 싸웠다고 합니다. 결국 아내를 못 이겨서 당시 3만 달러짜리 집을 샀는데 지금도 그 집에서 살고 있습니다.

집 구입 후 이번엔 아내가 가구를 바꿔야 한다고 가구를 산다고 했습니다. 이것만은 절대 용납할 수 없어서 절대 안 된다고 단호하게 이야기했습니다.

다시 싸움이 시작되어서 화가 난 청년 버핏은 이번에는 가구를 사는 대신 가구 회사를 인수해버렸습니다.

버핏 회장님이 집 구입을 하지 않으려 했던 이유는 하나입니다. 주식투자를 하기 위해서입니다.

시간이 지나 3만 달러에 샀던 집이 지금은 20만 달러가 넘는다고 합니다(지역이 부자 동네가 아니라서 부동산가격이 가파르게 상승하지는 않았다는 점은 고려해야 함). 같은 기간 내 주식투자의 수익률은 비교할 수 없을 만큼 컸습니다.

앞서 말씀드린 대로 투자를 잘하는 사람은 장기복리수익을 얻을 수 있는 사람입니다.

그럼 우리는 투자를 잘하는 사람에게 조언을 들어야겠죠.

슈퍼카를 타고 명품을 몸에 감싸고 다니는 사람의 말을 들으면 나도 그렇게 될 것 같다는 생각에 얼마 전 있었던 손실은 잊고 같은 일을 반복합니다. 이번엔 다르다는 생각과 함께 다시 로또의 꿈을 꾸는데 이런 것은 안 됩니다.

주식시장이 우리 생각만큼 만만하지도 않고 내일 일을 아는 사람은 없으니까요. 이와 비슷한 일이 옛날부터 지금까지 계속 반복되고 있습니다.

신뢰할 만한 사람의 추천으로 쓰레기를 사고 손실이 생기면 손절을 합니다. 그리고 다른 쓰레기를 또 사고 손실이 생기면 또 손절을 합니다.

가끔 이익이 생길 때가 있습니다. 쓰레기를 나보다 더 비싼 값에 더 많이 사는 사람들이 많을 때 잠깐 주가가 오릅니다. 이걸 한번 맛을 보면 잊지 못합니다.

그 '맛'이란 것은 공부 안 하고 노력 없이 돈을 벌었던 그 순간의 '맛'입니다.

돈 버는 주식은 따로 있다

그렇게 돈을 다 잃고 나서 하는 이야기는, "주식은 도박이다. 주식은 위험하다. 주식은 하면 안 된다." 이와 같이 주로 부정적인 이야기를 하며 주위 사람들을 말립니다.

위험한 것은 주식이 아닙니다. 내가 지금 무슨 행동을 하고 있는지 모르는 것이 위험이고, 이것이 위험의 시작과 끝입니다.

사람들의 오해 중 하나가, 주식투자를 도박으로 치부하며 위험하다고 생각하는 것입니다. 그리고 주식을 사는 사람은 돈을 사랑하고 돈에 미친 사람인 것처럼 오해하는 경우가 많습니다.

사실은 그렇지 않습니다. 돈을 사랑하는 사람은 주식투자를 해서는 안 됩니다. 높은 확률로 돈을 잃어버립니다.

돈을 사랑하는 순간 욕심이 생기고 빠른 시간 안에 더 많은 돈을 갖고 싶은 욕심이 생깁니다. 그 욕심이 점점 커지고 똑같은 실수를 반복하게 만듭니다.

젊은 나이에 부자가 되고 싶은 것은 인간이 갖고 태어난 강한 욕망 중 하나입니다. 그 욕망이 우리 마음을 병들게 하고 같은 실수를 반복하게 합니다.

사기꾼은 무지와 무능을 파고드는 것이 아니라 욕망을 파고듭니다. 내 말을 들으면 빨리 돈을 벌고 부자가 될 수 있을 것 같다는 생각을 넣어줍니다.

빨리 부자가 되고 싶은 사람, 노력과 과정 없이 쉽게 돈을 벌고 싶은 사람 등 우리 마음속에 존재하는 돈에 대한 욕망을 자극합니다. 돈에 대한 욕망이 큰 사람, 돈을 사랑하는 사람들에게 그 욕심은 계속 커지고 같은 실수를 반복합니다.

욕심과 욕망은 인간의 뇌를 바보로 만듭니다.

세력들은 그런 사람들의 돈을 노리고 있습니다.

욕심을 내려놓고 조금 시간을 길게 투자하면 어렵지 않게 돈을 벌 수 있습니다.

워런 버핏 회장님께서 투자는 머리로 하는 것이 아니라고 하셨습니다.

저도 이 말에 동의합니다.

투자를 잘하는 사람은 머리가 좋은 사람이나 경제를 잘 아는 사람이라고 말하기보다는 욕심을 잘 다스리는 사람, 돈을 사랑하지 않고 내 눈에 보기 좋은 것들에 현혹되지 않으며 내 마음을 냉정하게 잘 다스리는 사람이라고 표현하는 게 맞다고 생각합니다.

돈 버는 주식은 따로 있다

CHAPTER 3.

자본소득
VS
노동소득

1 코비 브라이언트(Kobe Bryant)

제가 좋아하는 농구선수입니다. 농구를 좋아하시거나 농구에 관심을 가진 분이라면 아실 겁니다.

1978년도 출생이고, 고등학교 졸업 후 대학교에 진학하지 않고 1996년도 LA 레이커스(LA Lakers)에 입단하였습니다.

누구나 마찬가지였지만 코비 브라이언트는 프로팀에 입단 후 처음에는 식스맨(교체선수)으로 시작하였습니다. 경기에 잠깐 나오는 선수였지만 당시 샤킬 오닐(Shaquille Rashaun O'Neal)과의 플레이는 경기를 보는 사람으로 하여금 가슴 뛰게 만드는 멋진 플레이였습니다.

식스맨 시절의 코비 브라이언트는 나이 어린, 잘하는 선수 정도였습니다. 그러던 어느 날 NBA 최고의 명장이라 불리는 필 잭슨(Phil Jackson) 감독이 LA 레이커스 감독이 되면서 코비 브라이언트는 필 잭슨 감독의 지도 아래 빠르게 성장하며 최고의 선수로 탄생합니다.

코비 브라이언트의 특이점은, LA 레이커스에 입단 후 한 번도 이적하지 않고 한 팀에서만 선수 생활을 했다는 것과 NBA의 전설이라 불리는 마이클 조던(Michael Jeffrey Jordan)과 같은 포지션이라는 것이 특징입니다.

마이클 조던이 코비 브라이언트에 대해 다음과 같이 평가했습니다.

"나의 전성기라면 다른 선수는 다 이길 수 있다. 단, 코비만 빼고."

NBA의 전설이라 불리는 마이클 조던이 이런 평가를 했다면 얼마나 대단한 선수였는지 상상할 수 있을 것이라 생각합니다.

돈 버는 주식은 따로 있다

코비 브라이언트의 플레이를 보면 심장이 두근거릴 정도로 설레고 멋있었습니다.

이렇게 멋지고 훌륭한 슈퍼스타의 연봉은 얼마였을까요?
처음 LA 레이커스에 입단했을 당시 연봉은 약 100만 달러였습니다. 가장 연봉이 높았던 시기에는 2,784만 달러까지 받았습니다.
선수 시절 받았던 연봉의 총액은 약 3억 2,330만 달러입니다.

그러던 어느 날 2011년 마이크 리폴(Mike Repole)과 랜스 콜린스(Lance Collins) 두 사람이 모여서 스포츠음료 회사를 창업하는데, 이것이 그 유명한 바디 아머(Body Armor)입니다.
스포츠음료 사업을 하려면 피할 수 없는 것이 게토레이와 파워에이드 이 두 음료와의 경쟁입니다. 게토레이는 펩시코의 브랜드이고 파워에이드는 코카콜라의 브랜드입니다. 둘 다 시가총액 수백조 원이 넘는 공룡 기업들인데 신생 기업이 이런 공룡 기업과 경쟁할 수는 없습니다.

사실 스포츠음료의 기능과 품질은 상향 평준화되어 있어서 큰 차이가 없습니다. 게토레이보다 파워에이드가 더 좋다고 할 수도 없고, 포카리스웨트가 게토레이보다 못하다고 할 수도 없습니다.
내용물도 이미 다 공개되어 있어서 특별히 다를 것도 없습니다. 각자 입맛에 맞는 것을 먹으면 되겠죠.

문제는 광고입니다.
스포츠음료는 탐 크루즈 같은 영화배우가 먹는 것보다 스포츠 스타들이 먹는 모습이 더 와닿죠. 그래서 스포츠 스타들이 스포츠음료의 광고 모델이 됩니다.

문제는 돈입니다. 미국 스포츠 스타들의 몸값은 상상을 초월합니다. 바디 아머는 신생 기업이라 당연히 이런 스포츠 스타들을 모델로 쓸 돈이 없었습니다.

바디 아머가 펩시코, 코카콜라와 돈으로 싸우는 것은 무덤을 파고 땅으로 들어가는 행동입니다.

그래서 아이디어를 냅니다.

농구, 야구, 미식축구 등의 슈퍼스타들을 찾아다니며 이야기를 합니다.

"우리는 당신을 바디 아머 모델로 쓰고 싶은데 당신의 몸값에 맞는 돈이 없다. 그러니 당신이 바디 아머의 주식을 사고 바디 아머 음료를 경기 중에 먹어라. 당신이 음료를 먹는 장면이 전 세계로 방영될 것이고 그럼 당신의 인지도 때문에 바디 아머 기업가치가 올라가니 광고료 받는 것보다 훨씬 큰 이익을 얻을 것이다."

이런 영화 같은 제안을 실제로 합니다. 처음에는 스포츠 스타들이 당연히 거절했습니다.

거절했을 때 한마디 더 던집니다.

"당신은 스스로의 가치를 과소평가하고 있다."

스포츠 스타들은 이 한마디에 무너졌습니다.

코비 브라이언트는 당시 600만 달러를 바디 아머에 투자했습니다. 코비 브라이언트는 이 투자를 시작으로 바디 아머의 4대 주주가 됩니다.

돈 버는 주식은 따로 있다

그 외에도 많은 스포츠 스타들, 마이크 트라웃(Mike Trout), 버스터 포지(Buster Posey), 클레이 탐슨(Klay Thompson), 롭 그론코우스키(Rob Gronkowski), 베이커 메이필드(Baker Mayfield), 리차드 셔먼(Richard Sherman), 스카이라 디긴스(Skylar Diggins), 시드니 레록스(Sydney Leroux), 더스틴 존슨(Dustin Johnson), 라이언 브래니(Ryan Blaney) 등 이름만 들어도 다 아는 스포츠 스타들을 만나서 투자를 받았습니다.

제가 하고 싶은 이야기는 여기서부터입니다.

앞에서 코비 브라이언트 선수가 평생 농구 스타로 살면서 받은 연봉의 총액은 3억 2,330만 달러라고 했습니다.

그리고 앞서 말씀드렸듯 투자금은 600만 달러입니다. 우리한테는 600만 달러가 큰돈으로 느껴질 수도 있지만 코비 브라이언트에게는 큰돈은 아닙니다.

당시 코비 브라이언트가 600만 달러를 투자하고 바디 아머 지분 10%를 가져갔습니다. 그 10%의 현재 가치는 약 4억 달러가 넘습니다.

마이클 조던의 찬사를 받으며, 농구의 신 마이클 조던의 명성에 대적할 수 있는 유일한 한 사람이자 NBA의 전설로 기록되는 코비 브라이언트가 평생 농구해서 받은 연봉보다 더 많은 돈을 주식투자로 벌었습니다.

이게 주식투자입니다.

아무리 열심히 일하고 노력해도 자산가치 상승을 넘을 수는 없습니다.

그럼 바디 아머에 투자한 다른 선수들은 어떻게 되었을까요?

버스터 포지(Buster Posey)를 포함한 몇 명의 선수들은 은퇴를 했습니다.

그 몇 명의 선수들은 젊은 나이임에도 은퇴를 선언했는데, 당시 기사 제목은 '미련 없이 떠난다'였습니다.

왜 미련이 없는지는 이야기 안 해도 다들 아실 겁니다.

이런 일이 스포츠 스타 몇 명에게만 운이 좋아서 생긴 일이고, 우리 생활에서는 일어나지 않는 일일까요?

이번에는 다른 사례를 이야기하겠습니다.

2021년 세계 최고의 기업 애플의 CEO 연봉이 약 1,100억 원에서 1,200억 원(환율에 따라 변동) 정도입니다. 이 금액은 2020년도에 비해 약 6배 정도 늘어난 금액입니다.

이유는 스톡옵션 때문입니다. 순수 연봉이 아니라 스톡옵션까지 받았을 때 기준으로 연봉이 약 1,200억 원입니다.

같은 시기 테슬라의 창업자 일론 머스크(Elon Musk)의 재산은 얼마나 증가했을까요?

2021년 기준으로 계산하는 시점의 환율에 따라 차이가 있지만 약 84조 원이 증가했습니다.

애플의 CEO라고 한다면 세계 최고의 CEO이며, 세계에서 가장 많은 연봉을 받는 CEO 중 한 명이라 이야기해도 과언이 아닐 겁니다.

애플의 CEO 자리에서 고액의 연봉을 받아도 2021년 1년간의 일론 머스크 재산 증가분을 따라가려면 800년이 넘게 걸립니다.

우리가 체감하기 쉽도록 한국의 역사에 비유한다면, 애플의 팀 쿡(Tim Cook) CEO가 고려 22대 왕 강종 시절부터 2021년도까지 약 800년 동안

돈 버는 주식은 따로 있다

길에서 노숙하며 1달러도 쓰지 않고 연 1,200억 원씩 적금을 하면 일론 머스크의 재산이 2021년도 1년간 불어난 만큼의 금액을 모을 수 있습니다.

이 말은, 아무리 일해서 벌어도 자산이 증가하는 속도를 따라갈 수 없다는 말입니다.

이것이 자본주의입니다. 자본주의는 어떤 형태의 노동이든 아무리 노동을 열심히 해도 자산가치 상승을 따라가지 못합니다.

처음 글에서 말씀드렸듯이 저는 청소하는 노동자입니다.

직업을 보면 짐작하시겠지만, 많이 배우지 못했고 학력도 좋지 못합니다. 당연히 학벌 같은 것은 없습니다. 따라서 공사장 잡부 이외에는 취업이 안 됩니다.

부모님도 안 계시고 가정형편도 좋지 못했습니다.

한 손에는 세제 통을 들고, 나머지 한 손에는 손걸레를 들고 청소를 하는데 하루 12시간씩 일을 해도 하루에 벌 수 있는 돈은 한정되어 있습니다.

인건비가 옛날보다 비싸서 직장생활 하는 것보다는 낫지만 청소해서 버는 것만으로 넉넉하게 살 수는 없습니다.

일할 때 못된 손님들을 만나면 제 뒤에서 작은 목소리로 자녀한테 "공부 열심히 안 하면 여름에 에어컨 끄고 땀 흘리며 일해야 한다" 합니다. 또는 제가 화장실에서 세척기로 물세척하고 있을 때 초등학교 남학생이 쇼파에 누워서 "아저씨 때문에 시끄러워서 텔레비전 소리가 안 들리잖아요. 멀었어요?" 하는 경우도 있습니다.

부모님 앞에서 제가 뭐라고 할 수는 없죠. 초등학생한테 "죄송합니다"라고 해야 합니다.

그 모습을 지켜보는 부모님이 자녀를 혼낼까요?

이 이야기를 드리는 이유는, 노동의 가치상승이 자산가치의 상승을 따라갈 수 없다는 사실이 연봉 최상위층 애플 CEO부터 세계적인 스포츠 스타들, 그리고 저처럼 사람들이 천하게 여기고 기분 나쁘다고 막말하는 대상이 되는 청소 노동자까지 모두에게 해당된다는 말씀을 드리기 위해서입니다.

이 책을 읽는 독자님들 중 70% 이상은 저보다 학벌이 좋고 직업군도 저보다 나을 겁니다. 현재 대학 진학률이 70%가 넘으니까요.

약간의 준비를 하고 시작한다면 저보다 더 나은 결과를 만드는 데 유리하실 겁니다.

저는 아직 수백억 원대 자산가는 아닙니다. 얼마 안 되는 약간의 자산이라도 잘 운용하면 제가 아무리 땀 흘리며 손목에 파스 붙이고 일해도 제가 소유한 주식과 부동산의 가치상승은 따라갈 수 없습니다.

코비 브라이언트가 자신이 소유한 돈에서 많은 비중을 투자한 것이 아니었습니다. 자신이 가진 돈 중 적은 비중만을 투자했지만, 그 투자수익은 평생 농구를 해서 받은 연봉을 합친 것보다 큰 금액이었습니다.

아무리 노동을 해도 자산이 상승하는 속도를 따라갈 수 없다는 것에 대해서 "아니다"라고 자신 있게 대답할 수 있는 사람은 없습니다.

또 전문직 종사자와 땀 흘리는 노동자 또는 기술자의 임금 격차가 시간이 갈수록 벌어지는 부분에 대해서도 "사실이 아니다"라고 말할 수 있는 사람은 없습니다.

땀 흘리는 노동의 가치도 높게 인정되어야 한다고 이야기하는 사람조차 대치동에서 공부시킨 그들의 자녀가 성인이 된 후 저 같은 일을 하려고 한다면 찬성할 부모는 없을 겁니다.

이처럼 세상의 구조는 바뀌지 않습니다. 바꿀 수 없다면 현실을 받아들이고 인정해야겠죠.

자본주의 사회에서 가장 큰 힘은 학벌이나 직업이 아니라 자본입니다. 많은 자본을 가진 자가 더 큰 힘을 얻는 것이 자본주의입니다.

우리는 지금 하고 있는 일이 전문직이든 기술자든 노동자든 각자 자기 위치에서 열심히 하고, 남들보다 더 잘해서 타인에게 유능한 사람으로 인정받아 소득을 늘려야 하지만, 동시에 자산증식에도 많은 노력과 에너지를 쏟아야 합니다.

그렇지 않으면 죽기 전날까지 노동을 하며 살아야 합니다.

2 과거보다 돈 벌기 어렵다?

2030은 이 말을 싫어할 수도 있습니다.

숫자로 딱 떨어지는 정확한 사실만 이야기하겠습니다.

"과거보다 돈 버는 것이 어렵다."

"옛날이 먹고살기 좋았다."

사람들은 이런 말을 자주 합니다.

틀린 말입니다.

과거보다 사회가 투명해져서 세금을 더 내는 것은 맞습니다. 하지만 돈 버는 것은 더 쉬워졌습니다.

사람들이 과거라고 하는 시점은 1970년대부터 1990년대까지입니다. 이 당시에는 취업이 잘되었습니다. 대학교를 졸업하는 동시에 취업하는 것이 어렵지 않았고 심지어 대학교 입학하는 순간 대기업에서 입사 제의가 들어오는 경우도 많았습니다. 입사 조건으로 학비도 지원해주는 경우도 있었습니다.

여기서 사람들이 혼동하고 잘못 아는 지식이 생깁니다.

이 시절 취업했던 사람들 중 누가 돈을 많이 벌었나요? 세상에 어느 회사가 취업을 하면 돈을 많이 주나요?

취업해서 돈을 많이 버는 경우는 임원이 된 사람 이외엔 없습니다. 회사에서는 당연히 월급을 많이 주지 않습니다.

많은 월급이라는 기준이 사람마다 다를 겁니다. 대기업은 중소기업보다 상대적으로 많이 주는 것은 사실이지만, 상대적으로 더 주는 것이지 많은 돈을 주지는 않습니다.

많은 월급을 주면 회사가 망하겠죠.

우리 아버지 시절에 좋았던 것은 취업이 잘되던 것입니다. 그런데 취업이 잘되면 월급을 안정적으로 받을 수는 있지만, 돈을 버는 부분에서는 유리하지 않습니다. 편견을 갖지 말고 객관적으로 주위 어른들 중 잘사시는 분이 계시다면 그분을 잘 살펴보세요.

30년 전에 월급 많이 받아서 부자가 된 사람이 있나요?

월급 많이 받아서 편안한 노후를 보내는 사람이 한 명이라도 있다면 이 책을 읽을 필요가 없습니다.

제가 거짓말하는 것이니까요.

우리 아버지 세대에는 취업이 쉬웠던 것이지 돈 벌기 쉬웠던 것은 아닙니다.

우리 아버지 세대에서 돈을 잘 벌고 지금 넉넉히 사는 분들은 주로 자영업을 잘하셨던 분들이 대부분입니다. 그리고 직장생활이나 공무원생활 중 월급을 잘 모아서 부동산투자를 잘했던 사람들입니다.

혹시 주위 어른들 중 직장생활을 해서 지금 여유로운 삶을 사시는 분이 계시다면 월급을 많이 받아서 여유로운 것인지, 아니면 많은 월급은 아니지만 그 돈을 잘 모으고 불려서 집을 몇 번 사고팔아서 여유로워진 것인지 잘 살펴보면 사실을 알게 될 겁니다.

월급을 많이 받아서 부자가 된 것이 아닐 겁니다.

간혹 공무원이 개발 호재를 미리 알고 차명으로 땅을 사서 부자가 되거나 또는 회사 다니는 사람이 개발 호재를 미리 알고 부정을 저지르는 경우도 있었습니다. 하지만 이처럼 정상적이지 않은 것들은 제외하고, 정상적인 범위 내에서 이야기한다면 월급으로 부자 된 경우는 없습니다.

앞에서 언급했듯이 우리 아버지 시절 돈을 많이 번 사람들은 주로 자영업을 하시는 분들이었습니다. 여기서 한 가지 꼭 생각해야 할 점이 있습니다.

당시에는 지금처럼 작업환경이 좋지 못했습니다.

더운 날 에어컨 없이 일하는 경우가 대부분이었고 겨울에는 난방이 시원치 않은 환경에서 일하는 경우가 많았습니다. 그리고 일하는 환경에서 지금처럼 좋은 장비가 있지도 않았고 대부분의 작업을 사람 손으로 해야 했습니다. 자영업은 내 일이라 몸을 사리지 않고 더 열심히 온 마음을 쏟아서 하는 경우가 많았죠.

그러다 보면 꼭 찾아오는 것이 '골병'입니다. 옛날에 자영업 해서 돈을 잘 벌었던 사람 중 만성통증 한두 군데 없는 사람을 찾아보기 힘듭니다.

저희 아버지는 1958년도에 태어나셨습니다. 그 시절에 태어났던 우리 아버지 시절에는 그랬습니다.

지금은 취업이 옛날보다는 힘들어진 게 사실입니다. 취업이 힘들어진 것은 사실이지만 돈 버는 것이 더 힘들어진 것은 아닙니다.

자영업에서 항상 하는 말은 불경기입니다. 전쟁이 끝나고 도시가 폐허였던 1950년대, 1960년대는 보릿고개였고 1970년대는 하루 벌어 하루 먹고사는 게 힘든 시절이었습니다. '검정고무신'이라는 만화에서 그 모습을 잘 그리고 있습니다.

돈 버는 주식은 따로 있다

1980년대도 경기가 어려웠고 1990년대도 경기가 어려웠습니다. 2000년 대도 경기가 어려웠고 2020년대인 지금도 경기는 어렵습니다. 자영업을 하는 분들에게 경기는 항상 어렵습니다. 이 불경기는 영원히 끝나지 않습니다.

그런데 1970년대에도, 1980년대에도 자영업을 잘하는 사람은 돈을 잘 벌었습니다. 지금도 잘 버는 사람은 잘 법니다.

항상 어려운 사람만 어렵지, 잘 버는 사람은 항상 잘 벌고 있습니다.

독자님들께서 식당에 갔는데 식당 사장이 상식적이지 않은 행동을 하고, 심지어 당황스러울 정도로 손님한테 무례하고 음식 맛도 형편없는 경우를 경험하셨을 겁니다. 이런 식당이 장사가 잘되나요? 그런데 그 식당에 가는 사람 모두 장사가 안될 수밖에 없는 이유를 아는데 그 식당 사장만 장사가 안되는 이유를 모르고 있죠? '백종원의 골목식당'이라는 예능 프로를 보면 이런 모습을 자주 볼 수 있습니다.

또 독자님들께서 보시기에 길거리에 식당은 많이 있지만, 누구한테 추천해줄 만한 식당이 많이 있나요? 식당은 불경기라 장사가 잘 안된다고 하지만 손님들은 갈 만한 식당이 잘 없다고 합니다. 이건 어떻게 설명해야 할까요?

불경기라서, 또는 옛날보다 돈 벌기 어려워져서 그런 걸까요?

아니면 경쟁력이 약해서일까요?

독자님께서 집의 어떤 부분에 문제가 있거나 수리 서비스가 필요해서 기술자를 불렀습니다. 내 마음에 들게 잘하는 기술자 보신 적 있으신가요?

지인이 자문을 구합니다. "우리 집 어떤 작업을 해야 하는데 혹시 잘하는 사람 알고 있어?" 이런 질문이 왔을 때 자신 있게 소개해줄 사람이 있나요? 내 마음에 들게 잘하는 사람이 잘 없습니다.

이야기 들어보면 전문성도 떨어지는 것 같고, 작업 후 나중에 다른 일때문에 그 부분을 보게 되면 겉에서는 티가 잘 안 나지만 안쪽을 보면 마음에 안 들게 되었던 경험이 있으실 겁니다.

그것이 이사 서비스든 수리 서비스든 인테리어 공사든 입주 청소든 어떤 경우라도 누구에게 소개해줄 만큼 잘하는 사람을 만나기 어렵습니다.

그런데 잘하기로 소문나서 실력이 있는 사람은 예약이 너무 밀려서 예약조차 하기 힘듭니다.

사람들은 취업이 안되면 안되는 대로 기다리거나 단기 알바를 합니다. 대기업 취업이 아니면 하지 않으려고 하는 사람도 많습니다. 그렇기 때문에 대기업이 아닌 다른 곳에서는 경쟁이 더 적어지고 기회가 과거보다 더 많아졌습니다.

대기업에 취업할 정도의 지식과 스펙이 있다면 다른 일에 도전하여 더 잘할 수 있는 일이 얼마든지 있습니다.

막연하게 옛날보다 돈 벌기 어렵다는 말은 사실이 아닙니다. 다만 "취업이 옛날보다 힘들어졌다." 이렇게 말하는 것이 타당합니다. 옛날이나 지금이나 내 할 일을 잘하는 사람은 돈을 많이 법니다.

그럼 중요한 이야기를 시작하겠습니다.

앞에서 코비 브라이언트와 애플 CEO의 예를 들면서 노동소득은 자본수익을 이길 수 없다고 말씀드렸습니다.

돈 버는 주식은 따로 있다

이제 중요한 자본소득에 대해 이야기하겠습니다.

과거에 한국에서 자본소득을 얻을 수 있는 거의 유일한 수단은 부동산이었습니다. 한국은 부동산 불패 신화가 사람들의 머리를 지배하고 있는 나라입니다.

그것이 이해가 되는 부분도 있습니다. 과거를 돌아보면 실질적으로 투자할 수 있는 거의 유일한 수단이 부동산이었기 때문입니다.

어떤 자산이든 시간이 지나면 우상향하는 것은 당연한 이치라서, 부동산을 샀어도 시간이 지남에 따라 수익을 얻고 성공적인 투자가 가능했습니다.

그런 이유로 부동산에 투자해서 실패하는 경우는 잘 없었습니다. 이유는 부동산도 곧 자산이니까요. 부동산이든 다른 자산이든 자산에 투자하면 비슷한 결과가 일어납니다.

대신 조건이 있습니다. 이상한 부동산이 아니라 정상적인 토지와 정상적인 건물, 정상적인 집을 산다면 물가 상승률 정도의 수익률은 항상 보장되었습니다.

1980~1990년대 한국에 자본주의에 대해 잘 알고 돈의 흐름과 비즈니스를 잘 이해하는 '나똑똑'이라는 사람이 있었습니다.

그는 1980년대에 어린 학생들이 하나둘씩 컴퓨터 학원에 다니기 시작하는 것을 봤습니다. 당시 어른들은 앞으로 컴퓨터가 많은 것을 해줄 것이고 우리 삶 가까이에서 많은 편리함과 풍요로움을 가져다줄 것이라고 생각하는 사람이 많았던 시절이었습니다. 그리고 당시 MS-DOS 프로그램과 MS-WORD 등 많은 마이크로소프트 프로그램이 들어오기 시작했고 쓰이기 시작했습니다.

IBM, 뉴텍, HP, DELL, 도시바, 애플 등 이외에도 많은 컴퓨터 제조사가 있었습니다. 사업구조를 잘 생각해보면, '어떤 기업이 살아남아 1등이 될지 미래는 알 수 없지만 누가 컴퓨터를 많이 팔든 모든 운영체제와 프로그램은 마이크로소프트로 통하는구나.' 나똑똑이 이런 생각을 했다고 가정하겠습니다.

당시에 그걸 알았거나 먼저 생각했다고 해서 그 사람이 무엇을 할 수 있었을까요? 할 수 있는 게 있었을까요?

1980~1990년대에는 한국에서 마이크로소프트 주식을 산다는 것은 상상하기 어려운 일이었습니다.

먼저 한국에서 주식이라는 것 자체가 생소했던 시절이었고 한국 사람이 미국 계좌를 만드는 것이 현실적으로 불가능에 가까웠습니다.

한국에 미국 투자은행 지점이 있지도 않았고 또 한국의 증권회사에서 미국 주식을 어떻게 사고파는지조차 생소하던 시절이었습니다. 당시 증권사에서는 주식을 사려면 객장에 와서 직원에게 주문을 넣어달라고 종이에 써서 주면 그 종이를 갖고 매수주문을 넣었던 시절이었습니다. 그런 환경에서 마이크로소프트 주식을 산다는 말은 농담처럼 들리거나, 장난하지 말고 집에 가라고 했을 겁니다.

그럼 미국에 가서 투자은행에 방문하여 계좌를 개설해야 하는데 그렇게 하려면 여권을 발급받고 미국 비자 신청을 해야 합니다. 박정희, 전두환 시절은 한국인이 해외에 나가는 것이 매우 어렵던 시절이었습니다. 지금이야 달러로 환전하는 것이 쉽지만 당시엔 달러는 구경도 못 해본 사람이 많았습니다. 사업하는 사람이 아니면 여권을 발급받아 해외로 나가는 것도 힘든 상황이었습니다.

일이 잘 풀려서 여권을 발급받고 힘들게 미국 비자를 받더라도 당시 미국 투자은행에 가서 계좌를 개설하고 주식 주문을 할 수 있는 만큼 영어를 잘하는 사람이 한국에 얼마나 되었을까요? 웬만큼 영어를 잘해서는 어려운 일입니다.

중학교 1학년 때 영어 선생님이 Fish라는 이름을 가진 원어민 선생님과 대화가 힘들어 제 앞에서 뒷걸음치며 조금씩 도망가는 것을 복도에서 제가 직접 봤습니다. 영어를 가르치는 것이 직업인 영어 선생님조차 말을 못 하는데 투자은행에 가서 계좌를 개설할 만큼 영어를 잘하는 사람이 당시에는 많지 않았습니다.

영어를 잘하는 사람을 찾아서 함께 비행기를 타고 JFK 공항에 가야 합니다. 도착 후 호텔에 머물고 호텔에서 가장 가까운 골드만삭스 또는 JP모간 지점에 가서 계좌를 개설한 후 마이크로소프트 주식을 사야 합니다. 그리고 한국에 돌아온다고 가정합시다. 한국에 와서 마이크로소프트 주식이 떨어졌는지 상승했는지 누구한테 물어봐야 하고 시세를 어디에 물어봐야 할까요?

방송국에 물어보면 알 수 있을까요? 아니면 미국 대사관에 전화해서 물어봐야 할까요?

미국 시간 기준으로 영업 시간에 맞춰서 전화해서 물어봐야 합니다. 그럼 한국 시간 새벽에 잠 안 자고 영어 할 줄 아는 사람을 집으로 불러서 비싼 국제전화를 지불하고 시세를 물어봐야 하겠죠. 혹시 추가로 돈이 더 생겨서 주식을 더 사고 싶으면 어떻게 해야 할까요? 당시 외화 유출을 막기 위해 해외 송금이 가능했는지 모르겠습니다. 해외 송금이 안 되었다면 영어 잘하는 사람을 불러서 다시 미국 비자를 발급받고 비행기를 타고 JKF 공항에 가서 호텔에 투숙 후 다음 날 지점에 가서 추가 매수주문을 하고 비행기를 타고 한국에 와야 합니다.

또 당시 미국에 가더라도 외국인이 계좌를 쉽게 개설할 수 있었는지조차 모르겠습니다. 여기에서 예를 든 사례도 어디까지나 외국인이 쉽게 계좌를 개설할 수 있다는 가정하에 가능한 일입니다.

주식을 사더라도 마이크로소프트에 무슨 일이 있는지, 마이크로소프트가 독점적인 기업이라 생각해서 샀는데 혹시 내가 모르는 사이에 마이크로소프트보다 더 경쟁력 있는 회사가 나타났는지 알 수 있는 방법이 없습니다. 이걸 누구한테 물어봐야 알 수 있을까요? 한국에서는 도저히 알 방법이 없습니다.

이 글을 보면 웃으실 겁니다. 웃긴 일이죠. 2023년도에 보는 우리는 웃음이 납니다. 하지만 1980년대에는 웃을 일이 아니라 매우 힘들고 심각한 일들입니다. 여기 나열한 문제 중 어느 것 하나 쉬운 일이 없습니다.

마이크로소프트만 그럴까요?

당시 나이키 신발도 한국에서 엄청난 브랜드였습니다. 지나가던 불량배들이 나이키 운동화를 보면 강탈했으니까요.

나이키 운동화를 보고 정신을 못 차리는 학생들이 어른이 되면 자기가 돈 벌어서 나이키 신발을 신고 다닐 거라 생각하며 나이키에 투자하고 싶다 하더라도 위의 마이크로소프트와 같은 과정을 똑같이 반복해야 합니다.

한 줄로 요약하면, '돈 되는 투자라는 것을 알지만 한국에서 태어난 죄로 현실적으로 불가능하다'입니다.

그럼 어떤 투자를 할 수 있었을까요?

최고의 투자라고 해봐야 대치동 은마아파트, 압구정 현대아파트입니다.

한국 사람들의 머리에는 당연히 부동산이 최고이고, 부동산 중 최고의 부동산은 강남 아파트라서 대치동 은마아파트를 샀을 겁니다. 강남 아파트 투자가 한국에선 최고의 투자로 인정받으니까요.

1980년대 대치동 은마아파트 가격이 대략 5천만 원 정도라고 들었습니다.

2022년 9월 기준 은마아파트 시세는 약 23억 원에서 25억 원입니다. 40년 동안 약 45~50배 뛰었습니다.

같은 기간 마이크로소프트와 나이키의 주가 상승입니다.

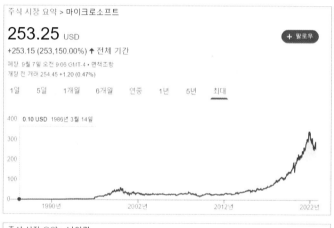

1986년 당시 마이크로소프트 주가는 0.1달러였습니다.

2022년 9월 7일 기준 약 2,530배 상승했네요.

나이키 주가는 1982년 당시 0.3달러였습니다.

현재까지 약 317배 상승했습니다.

나이키는 최근 주가가 많이 하락해서 이 정도 수익률입니다.

얼마 전에는 180달러까지 올랐습니다.

그리고 이 투자에서는 배당수익은 포함하지 않았습니다.

배당수익 빼고 주가 상승만 해도 저렇게 나오는데 지난 40년간 배당금을 재투자했다고 고려한다면 현실판 스타크래프트에서 'SHOW ME THE MONEY'가 됩니다. 배당수익까지 재투자가 된다면 계산이 힘들 정도로 상상하기 어려운 숫자가 나오기 때문에 배당수익은 포함하지 않겠습니다.

사람마다 생각이 다를 수 있습니다.

긍정적인 견해를 가진 사람도 있지만 반대로 부정적인 견해를 가진 사람도 있습니다.

마이크로소프트, 나이키처럼 잘되는 경우 또는 성공한 기업만 결과적으로 콕 집어서 이야기하면 누가 성공 못 하냐고 부정적으로 이야기할 수 있습니다.

형평성을 고려해 한국 부동산에서 가장 성공적인 투자인 강남 아파트를 기준으로 한 것이고, 주식은 현재 기준으로 가장 성공한 기업은 애플이지만 애플은 당시 여러 컴퓨터 제조 회사 중 하나였고 미래에 승자가 될지 패자가 될지 알 수 없는 상황이었습니다. 스마트폰을 만들기 전의 애플을 비교하는 것은 좋은 결과를 미리 알고 짜 맞추는 격이 되어서 애플을 예로 들지는 않았습니다.

그런데 마이크로소프트와 나이키는, 1980년대에도 마이크로소프트 외에 다른 대안이 없었고 나이키 운동화도 다른 대안이 없었습니다. 꼭 비교를 한다면 아디다스 정도는 비교할 수 있겠지만 1980년대에도 나이키의 브랜드가치를 넘지는 못했습니다.

사람마다 생각이 다르기 때문에 부정적인 견해로 본다면, 안되는 기업 말고 잘되는 기업만 콕 집어서 비교한다고 볼 수 있다고 말씀드렸습니다. 저는 이 부정적인 견해의 이유가 매우 중요하다고 생각합니다.

투자는 되는 기업에만 해야 합니다. 될지 안 될지 모르는 기업, 또는 뭐하는 회사인지도 모르고 내가 잘 알지도 이해하지도 못하는 복잡하고 어려운 기업에 투자하면 당연히 안 되겠죠.

그래서 잘되는 기업만 콕 집어서 비교한 결과론적인 이야기라고 하시는 부정적 견해를 가진 분의 이유와 근거에 저는 크게 동의합니다.

투자는 잘되는 기업에 집중투자해야 합니다.

많지도 않은 투자금을 뭐 하는 회사인지도 모르고 어떤 경쟁력이 있는지, 10년 후에도 그 기업이 존재하고 성장할지 잘 모르는데 다이소 쇼핑하듯 이것저것 조금씩 계좌에 담고 있으면 그 계좌는 10년이 지나도 커지지 않습니다.

그렇게 투자를 하려면 차라리 아파트를 사는 게 낫습니다.

항상 말씀드리지만 수십 년이 지나도 1등의 자리를 지키는 기업이나, 현재는 2등인데 1등을 잡아먹을 수 있는 2등 기업에 투자해야 합니다.

개 꼬리 삼 년 된다고 황모 되지 않는다는 속담이 있습니다.

조금 전에 이야기했던 '나똑똑'이라는 가상의 인물은 사람들이 부러워하는, 그리고 돈 벌기 쉬웠던 좋은 시절이라고 생각하는 시대에 경제활동을 했던 사람입니다.

그 사람이 1980년대에 현실적으로 할 수 있는 최선의 선택은 강남 아파트였습니다.

40년 지나야 40배 조금 넘게 벌었습니다.

한국에 태어난 죄를 짓고 또 요즘 세대가 부러워하는 1980년대에 경제활동을 해야만 했던 큰 죄를 지어서 마이크로소프트와 나이키에 비교하면 힘 빠질 정도로 돈 안 되고 답답하고 짜증나는 강남 아파트에 투자하는 것이 선택할 수 있는 최선책이었습니다.

얼마나 억울하고 분할까요?

과연 돈 벌기가 좋았던 시절인가요?

월급을 안정적으로 받을 수 있는 자리가 많다는 것이 돈 벌기 좋다는 기준이라고 한다면 할 말이 없지만, 취업이 잘되는 시절이 돈 벌기 좋은 시절이라고 하는 것은 타당하다고 생각하지 않습니다.

그리고 결정적 한 방이 있습니다.

사람들이 1980~1990년대에 취업이 잘되던 것만 생각하는데 1997년도 IMF 때 수많은 대기업이 망했습니다. 기아자동차가 부도나고 대우그룹이 해체되었습니다. 이때 해고된 사람이 몇 명일까요? IMF를 생각해도 이때가 취업이 잘되는 좋은 시절이었나요?

취업 잘돼서 부러운 시절이라고만 생각하지 1997년도에 무슨 일이 있었는지는 생각하지 않습니다. 내가 보고 싶은 것만 보기 때문입니다.

돈 버는 주식은 따로 있다

지금은 초등학생도 스마트폰을 가지고 있고, 미국에서 일어나는 일뿐 아니라 전 세계에서 일어나는 모든 일을 실시간으로 알 수 있습니다. 마이크로소프트 주가뿐 아니라 세계 모든 주식의 시세 및 각 투자은행 수석 애널리스트들의 기업보고서도 볼 수 있습니다. 각 분기별로 워런 버핏의 버크셔 해서웨이(Berkshire Hathaway), 하워드 막스의 오크트리 캐피털 (Oaktree Capital), 레이 달리오의 올 웨더 포트폴리오(All Weather Portfo-lio), 빌 애크먼의 퍼싱 스퀘어 캐피털(Pershing Square Capital), 론 바론이 이끄는 바론 캐피털(Baron Capital) 등 세계적인 투자의 구루들이 무엇을 얼마에 사고 얼마에 팔았는지 분기별로 자세히 공개가 됩니다.

이걸 보고 투자하는데도 과거보다 돈 벌기 어렵다고 해야 할까요? 세계적인 투자 구루들의 돈이 어디로 몰리는지, 스마트 머니가 어디로 흐르는지 다 알려주는데도 과거보다 돈 벌기 어렵다고 하는 게 맞는 말일까요?

1980년대가 아닌 2023년을 살고 있는 우리는 돈을 벌지 못할 이유도 없고 가난해야 할 이유도 없습니다.

한국의 의료 수준은 뛰어나지만, 의료비가 다른 주요 선진국에 비해서 저렴한 편입니다. 병원비가 없어서 죽는 경우는 많지 않습니다. 전기요금과 기타 공과금도 상대적으로 저렴한 나라입니다. 프리미엄 스마트폰을 구입하지 않는 이상 통신비도 부담되지는 않습니다. 대중교통도 저렴한 편입니다. 남들 가지고 있는 것, 또는 남들 하는 것은 나도 꼭 해야 한다는 문화가 조금만 덜하다면 종잣돈을 만들기가 어렵지 않은 나라에서 살고 있습니다.

그리고 어렵게 만든 종잣돈으로 위험한 행동, 또는 상식에서 벗어난 비상식적인 투자를 하지 않고 정상적인 투자만 진행한다면 우리는 가난할 이유가 없습니다.

우리 젊은 세대는 적어도 40년 동안 40배밖에 안 오르는, 지겹게 돈 안되고 답답한 강남 아파트가 아니라 좋은 대안이 될 수 있는 투자가 얼마든지 가능합니다.

그래서 과거보다 취업은 어려워졌지만 돈 버는 것은 과거보다 많이 쉬워졌고, 지금 시대에 살면서 가난해지는 일이 있어서는 안 된다고 생각합니다.

돈 버는 주식은 따로 있다

3 한강의 기적을 지나도 부모 세대가 가난한 이유

주위 어른들 중 한강의 기적을 겪고 경제성장이 가장 두드러지던 시절에 경제활동을 하셨던 어른들이 계실 겁니다.

앞에서 이야기했듯이 당시는 취업이 잘 되던 시절이었습니다.

모든 사람이 다 그런 것은 아니겠지만 30년 전이나 지금이나 삶의 경제적 수준에서 별 차이가 없이 비슷하게 살아가는 분들이 많다는 것을 보고 계실 겁니다. 30년 전에도 직장을 다녔고 지금은 인생의 2막이라고 부르며 새로운 일을 하며 지내는 분들도 적지 않습니다. 개인적으로는 택시 운전을 하시는 기사님을 뵈었을 때 전에 대기업 임원이었던 분도 계셨고 아파트 경비 아저씨 중에는 전직 교수님도 계셨습니다. 대리운전을 하셨던 분도 전직 서울 모 대학교 교수님이었던 경우도 직접 봤습니다.

분명 한강의 기적이라 불릴 만큼 경제성장이 빨랐던 시절에 경제활동을 하셨던 분들이 왜 노후에도 계속 일해야 할까요?

이유는 명확합니다.

주식을 사지 않았기 때문입니다.

주식을 사기 어려웠다면 부동산이라도 샀어야 합니다.

결국 자산을 사지 않았기 때문입니다.

한국은 지난 30~40년 동안 한강의 기적이라고 불릴 만큼 많은 성장을 했습니다. 이 말을 다르게 이야기하면, 기업들이 성장했다는 말과 같은 의미입니다.

자본주의 국가가 경쟁력을 갖는다는 것은 그 나라 기업들이 경쟁력을 갖추었다는 뜻입니다.

한국에서 주식시장이 시작된 것은 1980년대 초입니다. 당시에도 한국을 대표하는 기업은 현대그룹과 삼성그룹이었습니다.

지금은 세상이 진화하면서 새로운 비즈니스가 생겨서 현대 삼성 이외에 다른 우량기업들이 많이 생겼지만, 삼성과 현대는 지금도 건재합니다.

특히 삼성전자는 현재 기업가치를 약 300~400조 원 정도로 평가받고 있습니다. 지난 30~40년 이 기업들이 성장하는 동안 조금만 관심을 가지고 접근을 했다면 대한민국 국민 중 많은 사람들이 부자가 되었을 것입니다.

이런 부분들을 학교에서 교육을 해야 하는데 안타깝게도 학교에서는 국영수를 잘해서 대학교 가고 취업하는 것에만 집중하고 있지 이런 현실적인 교육은 없습니다.

돈 버는 주식은 따로 있다

CHAPTER 4.

투자의 신은
존재하지 않는다

워런 버핏도 실수한다

투자의 귀재 워런 버핏은 모르는 사람이 없을 정도로 전설적인 투자자입니다. 그런 워런 버핏도 항상 성공적인 투자만 하는 것은 아닙니다.

워런 버핏 회장님이 이끄는 버크셔 해서웨이와 브라질의 3G 캐피털이 함께 2013년 하인즈(Heinz) 케첩을 25조 원에 인수합니다. 2년 후 53조 원을 주고 크래프트(Kraft)를 인수합니다. 하인즈는 케첩을 주력제품으로 사업을 하고, 크래프트의 주력제품은 치즈입니다.

이 두 회사를 인수한 후 합병을 합니다. 그리고 지금 우리가 알고 있는 크래프트 하인즈(Kraft Heinz)가 만들어집니다.

버크셔 해서웨이에서 하인즈 인수가격을 주식가격으로 계산해보면 주당 약 50~60달러 정도로 계산됩니다.

크래프트 하인즈 인수 후 경영은 3G 캐피털이 담당했는데 과도하게 원가절감과 인력감축을 하고 신제품 개발에 노력을 기울이지 않아서 회사에 문제가 생깁니다. 손실이 발생하고 시장점유율이 하락하기 시작합니다. 시장의 흐름도 바뀝니다. 기존의 소비자들은 항상 먹던 케첩 맛에 길들여졌지만 사람들 인식이 바뀌어서 기존의 케첩이 아닌 유기농 케첩 또는 첨가물이 덜 들어간 건강한 케첩을 선호하기 시작합니다. 최대한의 생산비용 절감과 자본의 효율성만 강조하다가 이런 시장의 흐름을 놓쳤습니다.

크래프트 하인즈의 기업가치는 고점 대비 약 30% 수준으로 하락했습

돈 버는 주식은 따로 있다

니다.

이 부분에 대해 워런 버핏 회장님은 기업가치를 잘못 평가한 부분과, 너무 비싸게 샀다는 것을 공식적으로 인정했습니다.

너무 비싸게 샀다는 말에 저도 동의합니다. 현재 버크서 해서웨이가 보유한 기업 중 높은 비중을 차지하고 있는 것이 크래프트 하인즈입니다. 워런 버핏 회장님한테는 크래프트 하인즈가 아픈 손가락입니다.

1989년에는 항공주에 투자했습니다.

이 결정이 재앙의 시작이었습니다.

당시 3억 5,800만 달러를 US Airway라는 항공주에 투자했는데 주가가 약 80% 가까이 하락했습니다. 내 판단이 잘못되었다고 판단한 후 주식을 전량 매도했습니다. 당시 버크서 해서웨이의 포트폴리오에서 작지 않은 비중이었습니다.

인터뷰에서 워런 버핏 회장님의 이야기는 다음과 같았습니다.

"자본가들은 라이트 형제의 첫 비행기를 격추시켜서 후손들의 돈 낭비를 막았어야 했다."

항공주 투자 실패로 인한 큰 손해 때문에 크게 분노했습니다.

워런 버핏 회장님이 잘못 판단했다는 근거는, 당시 미국 내 10여 개의 항공사가 과도한 경쟁으로 인해 출혈이 심했고 수익 발생이 어렵다고 판단해서입니다.

그런데 9·11 테러 사건과 리먼브라더스 파산 이후 항공사들이 파산하거나 인수합병되며 상위 4개의 항공사가 살아남았습니다.

오바마 대통령 시절 유가 하락으로 항공사들의 수익이 크게 증가하며 좋은 모습을 보이지만 주가는 힘을 받지 못하자 다시 항공주에 관심을 갖기 시작했습니다.

이때 델타항공을 비롯해 사우스웨스트항공 등 다시 항공주에 투자했는데 처음 손절했던 가격보다 약 10배 더 비싼 금액에 투자했습니다.

그러던 어느 날 코로나19라는 손님이 찾아오셔서 다시 원금도 못 건지고 항공주 전량 손절합니다.

이와 같이 자주 언급되는 버크서 해서웨이입니다.

워런 버핏이 버크서 해서웨이라는 방직공장의 주식을 일부 보유하고 있었습니다. 본인 소유 주식을 버크서 해서웨이 임원진들이 주당 11.5달러에 매입하기로 결정했습니다. 그런데 약속된 금액이 아닌 훨씬 낮은 가격에 매수하겠다는 일방적인 통보를 받게 되고 이게 분노한 워런 버핏은 공격적으로 버크서 해서웨이의 지분을 사들입니다. 이유는 자신을 분노하게 만든 그 임원을 해고시키기 위해서입니다.

실제로 버크서 해서웨이의 최대 주주가 된 워런 버핏은 자신을 화나게 했던 사람을 해고해버립니다. 훗날 밝히기를 "내가 다른 곳에 투자했으면 더 많은 수익을 얻었을 텐데…" 이런 후회도 남겼습니다.

워런 버핏 회장님은 기술주 투자에 관심이 없었습니다. 그런데 세상의 흐름이 변하고 비즈니스가 바뀌고 있다고 생각합니다. 그래서 버크서 해서웨이도 기술주에 투자를 해야겠다는 생각을 하게 되고 몇 개의 기업을 선별해 투자 대상을 선정합니다. 투자 후보로 생각했던 기업은 구글, 아마존, IBM입니다.

이때가 2011년도입니다. 2023년을 살고 있는 우리는 이미 답을 알고 있습니다. 아마존이나 구글을 사야 했죠. 그런데 워런 버핏 회장님의 결정은 IBM이었습니다.

당시 IBM 주식을 주당 170달러에 매입했습니다. 상대적으로 저렴하다고 생각했고 IBM의 비즈니스 방식이 마음에 들었다고 했습니다.

그 후 20분기 연속 매출 감소를 기록하는데 2017년 IBM 주식을 매도하며 내 판단이 틀렸다고 인정합니다.

2017년 당시 버크셔 해서웨이 주주총회에서 왜 구글과 아마존에 투자하지 않았냐는 질문에 워런 버핏 회장님의 대답은 다음과 같았습니다.

"한 기업이 연관성 없는 두 개의 완전 다른 분야 비즈니스를 동시에 성공시키는 것은 불가능하다고 생각했다. 지금까지 이런 일을 성공한 사례는 없었고 제프 베조스(Jeff Bezos)는 이걸 성공시켰다. 그는 기적을 만든 사람이고 나는 그를 존경한다. 하지만 나는 기적에 투자하지 않는다."

여기서 이야기하는 연관성 없는 두 가지 사업이란 인터넷 쇼핑과 클라우드 사업을 이야기합니다.

그의 투자 철학을 쉽게 알 수 있는 대목입니다.

기적에 투자하지 않고 지금 1등 하고 있는, 1등의 자리를 계속 유지해나갈 수 있는 쉬운 투자만 고집합니다.

1등이라는 뻔한 기업에 투자를 했으니 투자 결과도 예상을 빗나가지 않고 뻔한 결과가 나오는 겁니다.

구글에 투자하지 않은 것은 후회스럽다고 이야기했습니다.

버크셔 해서웨이가 보유한 기업 중 가이코(GEICO)라는 보험회사가 있습니다.

이 회사가 구글에 광고를 하면 한 번 클릭당 일정 금액을 계속 광고비로 지불해야 했는데 사람들이 의자에 앉아서 클릭만 해도 계속 돈이 들어오는 이런 아름다운 비즈니스를 알아보지 못했다면서, 심지어 내가 구글의 고객임에도 알아보지 못한 부분에 크게 후회한다는 이야기를 주주총회에서 했습니다.

IBM 주식 매도 후 워런 버핏의 선택은 애플이었습니다. 관점을 바꿔서 애플은 테크 기업이 아니라 필수 소비재라고 보았습니다.

스마트폰과 IT 기기들이 이제는 모든 사람들이 사용하며 우리 생활에 없어서는 안 되는, 치약 칫솔 비누와 같은 필수 소비재가 되었으니까요.

애플을 이야기할 때 이건 투자가 아니라 내 사업이라고 여러 번 이야기했습니다. 그만큼 애플을 좋아하고 마음에 드는 투자라 생각하고 있습니다.

2016년 처음 애플 주식을 매수하기 시작했을 때부터 꾸준한 주가 상승이 있었습니다. 현재 버크셔 해서웨이 포트폴리오 중 40%가 넘는 보유 지분 1위 기업입니다.

포트폴리오에서 40%가 넘는 것은 거의 한 종목에 몰빵한 것과 다르지 않습니다.

사람들의 오해 중 하나가, 워런 버핏 회장님은 분산투자를 하는 것으로 오해를 하는데 잘못 전해진 지식입니다. 옛날에도 지금도 분산투자가 아니라 몇 개의 기업에 집중투자를 합니다.

분산투자는 말이 안 되는 행동이고, 기업의 가치평가를 못하는 사람이라는 것을 스스로 인정하는 것이라고 이야기합니다.

돈 버는 주식은 따로 있다

2022년 기준으로도 애플의 주식을 대량 매수한 것을 보면 현재의 애플 주가도 비싸다고 생각하지 않는 것 같습니다.

이 밖에도 테스코(TESCO), 에너지 퓨처 홀딩스(Energy Future Holdings), 제너럴리(Generali), 루브리졸(Lubrizol), NBC 방송국, 덱스터 슈(Dexter Shoe), 워움백(Waumbec) 등 많은 투자 실패가 있었습니다.

마지막으로 테슬라입니다.

조금의 과장이 될 수 있지만, 테슬라에 대한 저의 공부량은 고3 수험생만큼 공부했다고 하면 비슷하지 않을까 싶습니다.

저는 투자할 때 아무리 기술적 혁신을 이루고 세상이 뒤집어질 만한 뛰어난 기술을 보유하고 있어도 그 기술이 실제 양산이 되어서 소비자들이 지불 가능한 금액에 사업이 이루어질 수 있는지가 매우, 엄청, 최고로 중요하다고 생각합니다. 우리가 투자하는 이유는 사회공헌이 아니라 수익을 얻기 위해서입니다. 아무리 좋은 기술이어도 수익과 연결되지 못한다면 투자자로서 투자해서는 안 된다고 생각합니다. 이런 일은 국가에서 투자해야지 제가 왜 투자합니까?

돈 안 되는 일에는 투자할 가치가 없습니다. 그러한 이유로 테슬라에서 모델3 양산에 성공해서 대량생산을 시작하는 모습을 확인한 후 주식을 매수했습니다.

양산에 성공했으니 주가가 상승합니다. 저는 더 비싼 값을 주고 주식을 사야 합니다. 모델3 양산 전에 테슬라 주식을 샀다면 더 저렴한 가격에 주식을 살 수 있었습니다. 하지만 양산이 성공할지 실패할지 모르는 상황에 성공할 것이라는 믿음으로 투자하는 것은 어리석은 행동입니다.

투자는 믿음으로 하는 것이 아닙니다. 투자는 교회를 다니고 절에 다니는 종교생활이 아닙니다. 우리는 현실 세계에 투자를 하는 현실주의자들입니다. 모세가 홍해를 가를 것이라는 믿음으로 투자해서는 안 됩니다.

저는 공부를 열심히 하고 테슬라가 하려는 비즈니스를 충분히 이해했다고 생각했습니다.

그러던 어느 날 테슬라에 대한 질문에 워런 버핏은 말을 아꼈고, 찰리 멍거는 독설을 쏟았습니다.

머스크는 사기꾼이고 실패할 것이라고 했습니다.

찰리 멍거는 세계에서 가장 뛰어난, 현존하는 최고의 투자자 중 한 명입니다.

이보다 더 현명하고 지혜로운 투자자는 없습니다.

워런 버핏은 "내가 찰리 멍거에게 묻지 않아서 실패한 투자를 했었다"라고 여러 번 언급했습니다.

이렇게 비유하면 맞을 듯합니다. 워런 버핏이 유비라면 찰리 멍거는 제갈량이라 비유하면 맞을 듯합니다. 실제로 버핏을 이 자리에 있도록 만들어준 사람이 찰리 멍거니까요.

현재 버크셔 해서웨이의 부회장입니다.

그런 현인이 제 판단과 결정에 대해 머스크는 사기꾼이고 실패할 거라는 말을 단호하게 했을 때 당시 제 마음이 얼마나 쪼그라들었을까요?

그 후 며칠 뒤 제 계좌를 관리해주는 분께서 테슬라에 대해 조언하기를, 이제는 테슬라를 매도하는 것이 맞는 것 같다고 조언해주었습니다.

돈 버는 주식은 따로 있다

제가 평소 신뢰할 수 있는 사람이고 실력도 뛰어난 그 지점 에이스입니다. 그리고 본인은 테슬라 주식 전량 매도했습니다.

지점장이 고액 자산가들을 만나서 영업하면 그 자리에 항상 이 사람을 데려가서 "우리 지점 에이스입니다. 세부적인 것은 이 사람과 상의하시면 됩니다"라고 합니다.

이런 사람에게까지 전화가 와서 부정적으로 이야기하면 흔들리지 않을 수 없습니다.

결론은 안 팔았습니다. 그리고 주가가 하락할 때마다 오히려 테슬라 주식을 더 사 모았습니다. 그러던 어느 날 마이클 버리(Michael Burry)가 테슬라에 공매도를 했습니다. 마이클 버리는 2008년 주택담보대출에 거품이 있는 것을 정확히 맞혀서 리먼브라더스 파산으로 엄청난 돈을 벌었던 전설의 투자자이며 월가의 저승사자로 불리고 있습니다. 영화 '빅쇼트' 주인공의 실존 인물입니다.

그런 사람이 테슬라는 거품이라며 90% 하락할 것이라고 이야기하면서 테슬라 주가 하락에 베팅했습니다.

이게 저한테는 큰 충격이었습니다. 찰리 멍거도 워런 버핏도 마이클 버리도 모두 테슬라에 대해 부정적인 의견을 제시하고 심지어 마이클 버리는 테슬라 하락에 약 1조 원 가까운 금액을 투자했습니다. 그리고 테슬라 주가는 곤두박질치고 계좌는 하루하루 쪼그라들었습니다.

테슬라에 대해 내가 놓치고 있는 것이 있는지 다시 공부했습니다. 좀 더 면밀하고 디테일하게 공부 후 오히려 테슬라 주식 비중을 늘려야겠다고 판단해서 보유 중인 현금을 다 테슬라에 넣고 약간의 대출까지 얻어서 테슬라에 더 투자했습니다.

저는 찰리 멍거도, 워런 버핏도, 마이클 버리도 다 틀렸다고 생각했습니다.

그리고 몇 개월 후 테슬라 주식이 1,200달러(주식분할 전 가격)를 넘어서는 것을 보며 한 번 눈물을 흘린 적이 있었습니다. 그동안 마음고생을 한 것 때문인지, 아니면 누가 뭐라고 해도 뚝심 있게 잘 버틴 제 자신이 기특해서인지 눈물이 흘렀습니다. 지금은 여러 주식을 보유하고 있지만 테슬라 한 개만 정리해도 수도권에 작은 집은 마련할 수 있을 만큼 규모가 커졌습니다.

제가 이야기하려는 메시지는 제가 잘한다는 것이 아니라 찰리 멍거, 워런 버핏, 마이클 버리 같은 사람들도 다 맞히지 못하고 실수를 한다는 것입니다. 그러니 그들의 투자를 참고하되 투자 결정은 내가 해야 한다는 점입니다.

돈 버는 주식은 따로 있다

2 손정의 회장의 비전펀드

소프트뱅크(SoftBank)의 손정의 회장은 일본을 대표하는 투자자로 유명합니다.

손정의 회장은 비전펀드를 운용하고 있습니다. 비전펀드는 2016년에 만들어졌고 1차와 2차로 나눕니다. 사우디 국부펀드가 대부분의 투자금을 넣고 기타 몇 개의 회사들에게 투자금을 받아서 비전펀드를 시작했습니다.

비전펀드가 투자하는 사업에는 여러 가지가 있는데, 너무 다양해서 다 말씀드리지는 않고 규모가 있는 투자만 몇 개 이야기하겠습니다.

디디추싱에 200억 달러, 우버에 100억 달러, 그랩에 40억 달러, 올라에 30억 달러, 디지털맵을 만드는 스타트업 맵박스에 2억 달러, GM의 자율주행 자회사인 크루즈에 22억 달러 등 차량공유 사업과 자율주행 관련 사업에 많은 돈을 투자했습니다.

저도 이쯤에 우버에 투자했었습니다.

우버에 투자한다는 말은 우버가 소유한 자율주행 개발 회사 A.T.G.(2021년 오로라에 인수)에 투자한다는 말과 같습니다. 저도, 손정의 회장도 택시 회사에 투자하는 행동은 하지 않을 테니까요.

이외에도 자율주행 관련 기업에 많은 투자를 했습니다.

이 투자를 살펴보면, 손정의 회장은 자율주행이 성공한다면 라이다를 기반으로 한 디지털맵 방식의 자율주행이 성공할 거라 판단한 듯합니다.

당시 구글의 자회사인 웨이모가 최초로 자율주행 레벨4를 성공시켰고 GM의 크루즈가 그 뒤를 바짝 추격하는 중이었습니다.

워런 버핏 회장님도 GM에 투자한 것을 생각할 때 혹시 자율주행이 성공한다면 디지털맵 방식이 성공할 것이고 자동차 제조가 매우 고난이도 공정이라 신규 진입은 사실상 어렵다고 판단해 기존 자동차 제조사 중 GM이 가장 확률이 높을 거라고 생각한 듯합니다.

웨이모는 비상장 기업이라 구글을 소유함으로써 웨이모 투자를 대체할 수밖에 없었는데 당시 주식시장에 상장이 되어 있었다면 손정의 회장은 웨이모에 많은 돈을 투자했을 겁니다.

시간이 조금 지나서 어느 정도 윤곽이 나왔습니다. 당시에 테슬라는 눈에 띄는 회사가 아니었고 전통 자동차 제조사에게 위협이 되는 회사가 아니었습니다. 이제 겨우 부도 위기에서 벗어난 상태였는데 제가 이 시점부터 테슬라를 공부하기 시작했습니다. 우버는 코로나를 시점으로 자율주행 사업부를 오로라에 매각하였습니다. 그리고 자율주행 연구 개발에서 손을 떼고 오로라의 지분 일부를 가져갑니다.

손정의 회장의 가장 큰 실수는 테슬라를 못 알아봤다는 것입니다. 테슬라가 추구하는 자율주행 방식은 디지털맵 방식이 아니라 카메라로 사물을 판단하는 Vision 방식의 자율주행 시스템을 선택했고 디지털맵 방식에 의존하는 기업들은 모두 실패할 것이라고 이야기했습니다.

그 시점에 경기도 인근에 좋은 토지가 매물로 나와서 땅을 계약하느라 우버 주식을 매도했는데 우버를 매각할 당시에는 약 40% 정도 수익을 얻고 매도했습니다.

돈 버는 주식은 따로 있다

비전펀드가 테슬라를 알아보지 못한 그 한 번의 실수로 인해 앞서 언급했던 거의 모든 투자가 박살났습니다.

이게 전부가 아닙니다.

위워크(We Work), 그린실 캐피털(Greensill Capital)도 있습니다. 그린실 캐피털은 파산했습니다.

이번에 실패 사례들을 나열했지만 전부 실패한 것은 아닙니다. ARM, 알리바바, 엔비디아 등 성공 사례들도 있지만 그동안 성공해서 얻은 이익이 전부 눈 녹듯이 녹아서 사라졌습니다.

얼마 전 스스로 이야기했는데, 그동안 투자할 기업을 선정하면서 감으로 투자했지 투자를 결정할 명확한 기준은 없었다고 이야기했습니다.

알리바바 투자의 큰 성공으로 세계적인 투자자로 생각하는 사람이 많지만 알리바바 투자 결정도 6분 만에 즉흥적으로 내려진 결정이었습니다.

3 빌 애크먼과 넷플릭스

   빌 애크먼(Bill Ackman)은 퍼싱 스퀘어 캐피털(Pershing Square Capital)의 창업자이자 현재도 그 회사를 이끌고 있는 수장입니다.

   코로나 시기에 스타벅스, 치폴레멕시칸그릴에 투자해 많은 돈을 벌었고 세계적인 헷지펀드 매니저이며 '리틀 버핏'이라 불리는 유능한 투자자입니다.

   2021년 4분기와 2022년 1분기 넷플릭스 실적이 2분기 연속으로 좋지 않게 발표되었습니다. 주가는 실적에 바로 반영되어서 급락했고 1분기 실적발표 직후 퍼싱 스퀘어 주주서한에서 넷플릭스 전량 매도했다고 이야기했습니다.

   문제는 손실 규모입니다. 넷플릭스 투자로 약 4억 달러의 손실을 입었습니다. 이로 인해 2022년 퍼싱 스퀘어 연간 수익률에 큰 영향을 미칠 정도라고 주주서한에 기재했습니다.

   넷플릭스에 장기투자한 것이 아니라 불과 1분기 정도 짧은 시간에 큰 손실이 생겨서 곤란한 상황입니다. 당시 투자 결정의 이유는 넷플릭스가 하고 있는 비즈니스의 확장성과 경영진들의 뛰어난 능력을 높이 평가하며 4분기 실적발표 후 급락한 주가 때문에 넷플릭스의 기업가치가 저평가되었다고 판단해서 매수했습니다. 그런데 1분기 실적발표 후 넷플릭스의 신규 구독자 증가가 한계에 도달했다는 것이 주식 매도의 이유입니다.

돈 버는 주식은 따로 있다

저도 한때 넷플릭스의 투자자였던 적이 있습니다.

제 경험담을 말씀드리면, 저는 자율주행이 성공하게 되고 자동차에서 양손으로 운전대를 잡지 않게 되어도 그 시간에 공부를 하고 업무처리를 하며 더 나은 미래를 위해 생각하며 자기계발에 시간을 쏟는 사람은 극히 소수일 것이라 생각합니다.

대부분의 사람들은 공부가 아니라 게임과 영화감상을 하며 시간을 보낼 거라 생각했습니다. 또 각종 스마트 기기와 집에 있는 텔레비전 크기와 품질이 점점 좋아짐에 따라 영상 콘텐츠에 대한 수요가 더 커질 것으로 생각했습니다. 영상은 중독성이 있어서 드라마 1회를 보게 되면 끝까지 다 봐야 합니다. 궁금해서 못 참으니까요.

그러던 어느 날 '오징어게임'이 나왔습니다. 넷플릭스는 '오징어게임'이라는 콘텐츠를 돈을 투자해서 얻었고 이로 인해 큰 이익을 얻고 구독자 수도 늘었습니다.

여기까지는 좋았는데 유튜브를 살펴보니 유튜브는 돈을 십 원도 투자하지 않고 오히려 영상을 만들어서 업로드하는 사람들이 자기 돈을 투자해 영상 콘텐츠를 만들고 그것을 유튜브에 업로드합니다. '오징어게임'에 돈 투자한 기업은 넷플릭스인데 유튜브는 아무것도 하지 않고 이익을 나눠 먹고 있습니다.

돈을 투자한 넷플릭스 이용자가 늘어나는 것은 당연한 것이지만, 돈을 십 원도 투자하지 않은 유튜브도 사용 시간이 같이 늘어나는 것은 불합리하다고 생각되고 또 이것이 넷플릭스의 한계라고 생각했습니다. 넷플릭스는 끊임없이 영상 콘텐츠에 돈을 투자하지 않으면 사업이 이어지지 않습니다. '오징어게임'이 당시에 워낙 인기가 많고 넷플릭스 주가가 상승하는 시점이라 상승에 취해서 좋은 것만 보게 되는 실수를 범할 수 있는데 운이 좋아서 저는 그 안에 숨겨진 위험요소를 잘 찾았습니다. 그래서 넷플릭스 주식을 전량 매도했습니다.

다행히 저는 70% 가까운 수익을 얻고 주식을 매도했지만 넷플릭스 투자는 성공한 투자라고 생각하지 않습니다. 주식 매도 이유가 내 판단이 틀림을 인정한 것이니까요. 제가 주식을 매도할 때는 몇 가지 이유가 있는데 너무 많이 상승해서 더 이상 이 사업은 성장할 수 없다고 판단했을 때, 경영진이 비리를 저질렀을 때, 더 경쟁력 있는 기업을 찾았는데 현금이 부족할 때, 포트폴리오 비중 조절을 할 때, 그리고 가장 중요한 이유는 주식을 매수할 때 생각했던 내 판단이 틀렸다고 인정할 때입니다.

내 판단이 틀렸다고 인정하는 시점에 주가가 수익 구간인 경우도 있고 손실 구간인 경우도 있습니다.

내 판단이 틀렸다고 인정할 때는 그 주식이 손실이든 수익이든 고려하지 않습니다. 틀렸다고 판단될 때는 전량 매도입니다.

그것이 저의 투자 철학입니다.

주가 하락이 주식 매도의 이유가 되지 않습니다.

제가 생각하는 넷플릭스는 그렇습니다.

주가가 더 오를지, 여기서 더 떨어질지는 모르겠지만 넷플릭스는 수입의 상당 부분을 콘텐츠에 투자하고 신규 구독자를 늘리기 위해 디즈니와 경쟁하며 열심히 뛰어야 하는데 유튜브는 가만히 앉아서 돈 세고 있는 기업입니다.

넷플릭스에 투자할 이유가 없다고 생각합니다. 투자를 하려면 유튜브에 투자해야겠죠.

구글의 주식은 오래전부터 보유 중이라 비중을 더 늘리진 않았습니다.

돈 버는 주식은 따로 있다

넷플릭스 주식 매도 시점이 가장 비쌀 때였던 것은 운이 좋아서였습니다. 더 상승할지 하락할지 고려하지 않았습니다.

사람들은 투자를 잘하는 투자의 귀재가 주식을 샀다는 이야기를 들으면 그 투자가 반드시 성공할 것 같다는 생각이 들어서 서둘러 주식 매수에 뛰어드는 경우가 있습니다.

저는 반대하지 않습니다. 잘 알지도 못하는 황당한 주식에 종잣돈의 상당 부분을 넣는 것보다 투자의 현인들이 투자하는 기업에 그들을 따라서 투자하는 것이 100번 1,000번 더 낫다고 생각합니다.

제 이야기의 요점은, 투자의 현인이라 해도 그들도 사람이니 미래에 일어날 모든 일을 다 맞힐 수는 없다는 것입니다. 워런 버핏이 투자했다고 해서 모든 것을 몰빵하는 것은 타당치 않으니 적절한 자산 배분을 하는 것이 현명할 듯합니다.

CHAPTER 5.

인간의 어리석음에
투자하라

변동성은 위험이 아니다

　사람들은 주식을 위험자산이라고 분류합니다.

　개인투자자들뿐 아니라 전문가라고 불리는 사람들조차 주식은 위험자산이라고 분류합니다. 심지어 경제학을 배우는 대학교 강의실에서조차 주식은 위험자산이라고 분류하며 교수님께 배운 지식이 사실이라고 머리에 굳어져 있습니다. 그런데 왜 주식이 위험자산이라 이야기하는지 물어보면, 위험하니까 위험자산이라는, 다소 납득하기 어려운 대답을 합니다.

　또는 경제 경영의 기본인데 그걸 몰라서 묻냐고 핀잔 주는 경우도 있습니다.

　많은 사람들이 진실이라 믿으면 그것이 사실이 되는 경우가 많습니다.

　사람들이 주식을 위험자산이라고 이야기하는 이유와 근거는 딱 세 글자입니다.

　'변동성'

　변동성은 사람들이 주식을 위험자산이라 분류하는 이유와 근거의 시작이자 끝입니다.

　가난한 사람과 부유한 사람이 존재하고, 경제력의 차이가 벌어지는 이유는 생각의 구조와 방향이 달라서입니다. 세계적인 투자의 구루들, 현인들은 하나같이 같은 이야기를 합니다.

"변동성은 위험이 아니다."

그런데 우리가 아는 경제 전문가 또는 경제를 학생들에게 가르치는 교수님은 "주식은 위험하다. 변동성이 심해서 주식은 위험자산이다." 이렇게 이야기합니다.

경제학과 교수님 중 집이 잘살아서 부자인 경우를 제외하고 스스로 공부한 경제 지식을 기초자산으로 투자해서 부자가 된 경우는 아직 보지 못했습니다.

제가 이야기하는 부자는 몇십억 가진 사람을 부자라고 이야기하는 것이 아닙니다.

A주식과 B주식이 있습니다.

A주식은 1년 수익률이 20%이고, 사람들을 공포에 떨게 하고 위험하다고 이야기하는 변동성이 작습니다. 반면 B주식은 1년 수익률이 20%지만 중간에 변동폭이 심합니다.

A기업과 B기업 둘 다 연간 버는 돈은 비슷하고 성장률도 비슷합니다. 그리고 실적발표 때 다음 분기 실적 가이던스도 안정적으로 제시합니다.

독자님께서 현명한 투자자라면 어느 기업에 투자해야 할까요?

주식이 위험하다고 이야기하는 경제 전문가들이라면 당연히 변동성이 작은 A주식에 투자할 겁니다.

그런데 저는 A주식이 아닌 B주식에 투자합니다.

이유는 이렇습니다.

A주식은 연 20% 수익을 얻을 수 있는데 중간에 변동성이 거의 없습니다. 그러면 A주식에 투자한 사람은 초과수익을 얻지 못합니다.

그런데 B주식에 투자한 저는 심한 변동성 때문에 주식의 가격이 심하게 하락하는 모습을 자주 보게 됩니다. 그럼 B주식에 투자한 저는 두려워해야 할까요? 이때 하락은 주식의 가격이 하락한 것이지 기업의 가치가 하락한 것이 아닙니다. 기업의 가치는 그대로지만 주식의 가격만 하락한 것입니다. 그럼 그 주식을 더 사야겠죠. 저렴할 때 더 사면 1년 후 A와 B 모두 20% 상승을 하지만 저렴할 때 주식을 더 매수한 저는 20% 수익이 아니라 그 이상의 초과수익을 얻게 됩니다.

대신 한 가지 조건이 있습니다.

투자한 기업에 대해 정확히 잘 알아야 합니다. 내가 투자한 기업에 대해 잘 알아야 한다는 이 단서가 빠지면 주가 하락은 위험입니다.

그럼 "잘 모르고 주식을 사고 변동성이 생기면 그것이 위험이 되니 결국 변동성이 위험인 것이 아니냐"라고 되물을 수도 있습니다.

내가 알지 못하는 곳에 돈을 넣는 것은 시작부터가 틀린 행동이고 좋은 결과를 기대할 수 없기 때문에 생각할 필요가 없는 경우의 수입니다.

하워드 막스 회장님이 자주 하시는 말씀이, 자산의 질도 중요 하지만 그 자산을 얼마에 사느냐가 더 중요하다고 합니다.

그런데 우리가 경제를 공부할 때 가르쳐주시는 선생님은 100조 원짜리

돈 버는 주식은 따로 있다

기업이 70조 원이 됐을 때 그 기업에 투자하면 위험하다고 가르칩니다.

거의 모든 책이 다 그렇습니다.

그렇게 생각하고 접근하니까 돈이 안 벌리는 겁니다.

100조 원짜리 기업을 70조 원일 때 매수하면 이미 30조 원은 안전마진으로 수익을 확정 짓고 시작하는데 이것이 위험이라고 합니다.

그런데 아이폰을 50% 할인해준다고 하면 위험하다고 하지 않고 오히려 기뻐합니다. 아이폰은 왜 안 위험한지 모르겠습니다.

저는 오랜 시간이 지나도 이 말이 도대체 무슨 말인지 이해가 되지 않습니다.

이런 경우도 있습니다.

고기국수를 잘하는 집이 있습니다. 식사 시간이 되면 사람들이 줄을 서서 기다립니다. 줄을 설 만큼 맛있고 친절한 식당입니다.

식당 안에 테이블이 많지 않아서 매출에 한계가 있습니다. 그래서 식당을 확장하는 데 시간이 좀 걸렸습니다.

몇 년 장사가 잘되어서 식당을 확장했습니다. 식당을 확장하면 당연히 돈이 투자되어야 합니다. 그동안 확장하려고 모아두었던 돈을 투자해야죠.

인테리어도 해야 하고 시설도 늘려야 하고 테이블도 늘려야 합니다. 간판도 해야 하고 직원도 더 뽑아야 합니다.

그럼 이 식당 사장님 통장 잔고가 많이 줄어들겠죠.

그럼 누군가가 이 식당을 보고, "확장하느라 돈 썼으니 이 식당 위험하다." 또는 "여기 가만히 있어야 하는데 장사 잘된다고 확장을 하다니 이 식당 망하겠네." 또는 "세상에… 장사가 잘된다는 이유로 확장을 해? 여기

망하는거 아냐?" 이런 이야기를 하는 것을 독자님들께서 들으시면 바보라고 생각하지 않으시겠어요?

장사가 안되는 것을 문제 삼아야 하는데, 장사가 너무 잘돼서 식사하시는 손님보다 식사를 못 하시고 슬퍼하며 돌아가는 손님이 너무 많아서 확장을 하는데 이걸 위험하다고 문제 삼는 사람은 제정신이 아니라고 생각하실 겁니다.

그런데 주식시장에서는 이런 일이 자주 일어납니다.

2021년 테슬라에서 수요가 폭주하는데 생산량이 따라가지 못합니다. 그래서 독일 베를린과 미국 텍사스에 기가팩토리를 건설하는데 토지 매입비용과 기타 건설비용이 투자되어서 분기 이익이 줄어들었습니다. 한국에서도 테슬라 자동차를 주문하면 길게는 1년까지도 기다려야 합니다.

그런데 공장을 짓는다는 이유로 주가가 하락했습니다.

당시 주식시장의 평가는 이랬습니다.

"사람들이 테슬라 자동차를 사기 위해 1년을 기다린다는 이유로 공장을 짓는다고? 너무 위험한 거 아냐?"

"큰일이다. 테슬라 자동차를 구입하려는 수요가 너무 많다 보니 공장을 짓느라 작년에 번 돈 일부를 공장 짓는 데 쓰는구나. 이거 너무 위험해서 투자 못 하겠다."

이게 시장의 반응이었고 실제 있었던 일입니다.

실제로 실적발표 때 주가가 하락했습니다.

이런 이유로 주식가격에 변동성이 생긴다면 이것을 위험하다고 해야 할까요?

독자님들께서 보시면 너무나 우습고 믿기 힘드시겠지만 이게 사실입니다. 실제 있었던 일입니다. 이런 일이 자주 일어납니다.

애플도 기억이 납니다.

M1칩 개발 당시 투자비용이 적지 않게 들었습니다.

많은 돈을 투자한 만큼 좋은 칩이 개발되었죠.

투자비용 때문에 직전 분기 이익에 일부 영향을 받았습니다.

돈을 못 번 것이 아니라 당시 돈을 잘 벌었는데 벌었던 돈에서 일부 금액이 개발비로 투자되었다는 이유로 주가가 조금 하락했었습니다.

시장의 반응은, "애플이 기술 개발을 한다는 이유로 돈을 써서 이익이 줄었구나. 이런 위험한 투자는 하면 안 되겠어. 주식을 팔아야지."

당시 이런 이유로 주가가 하락했습니다.

물론 이런 하락은 오래가지 않습니다. 잠시 하락 후 다시 상승합니다.

그럼 현명한 투자자는 이 하락에 동참해 주식을 매도해야 할까요?

아닙니다.

주식의 가격이 하락한 것이지 기업의 가치는 조금도 훼손되지 않았습니다. 이러한 이유로 주식의 가격이 하락한다면 주식을 더 사야 합니다.

이때 주식을 추가 매수하면 초과수익을 얻을 수 있습니다.

변동성은 위험이라는 잘못된 생각을 머리에서 지워야 합니다.

시장 참여자 전부가 현명한 투자자라면 시장의 변동성은 존재하지 않습니다. 그리고 기업의 가치가 항상 적정가치로 평가되어 있을 겁니다.

그렇다면 우리는 해당 기업의 주식을 싸게 사지도 못하고 비싸게 사지도 못합니다. 항상 기업의 가치가 정확히 평가되기 때문에 우리가 투자해서 얻을 수 있는 수익도 기업이 성장하는 만큼만 정확히 얻어갈 수 있습니다.

그 이상의 초과수익은 허용되지 않는 것입니다. 너무나 합리적인 시장이 되면 부자가 되기 힘들다는 말입니다.

반대로 시장에 현명한 투자자들이 거의 없다면 시장은 요동칩니다. 이유 같지 않은 이유로 주가가 오르고 반대로 웃음이 날 정도의 황당한 이유로 주식가격이 하락합니다. 대통령 후보가 선출되었을 때 후보의 대학 시절 친했던 대학 동기의 사촌 동생이 사업을 한다는 이유로 주가가 오르기도 하고, 사업이 너무 잘되어서 확장한다는 이유로 주가가 하락하기도 합니다.

보물섬이 발견되어서 옛날 해적들이 갖고 있던 보물들이 바닷속에 묻혀 있을 수도 있다는 이유로 해당 기업의 주식이 상한가를 기록하기도 하고 A자동차에서 화재가 발생했다는 이유로 B자동차 회사에서도 화재가 발생할 수도 있다는 우려로 주가가 함께 떨어지기도 합니다.

주식시장에 변동성을 만드는 이유는 다양합니다. 인간의 상상력이 어디까지인지 가늠할 수 없을 만큼 변동성을 일으키는 이유는 다양합니다.

심지어 지구 반대편에 있는 다른 나라에서 이자를 올린다는 이유로 주가가 하락하기도 합니다. 남의 나라 이자 올리는 것까지 걱정돼서 주가의 변동성이 생깁니다. 몇 년 전에는 프랑스에서 총기 난사 사건이 일어났습니다. 지구 반대편에서 총기 난사 사건이 일어났다는 이유로 호텔신라의 주가가 순식간에 10% 가까이 하락했습니다. 불특정 다수의 사람들이 총에 맞아 쓰러지는 순간에도 신라면세점에는 많은 사람들이 가방을 사기 위해 모여 있는데도 호텔신라의 기업가치는 10%가 사라졌습니다.

이런 변동성이 경제 전문가들이 말하는 위험입니다. 저는 그 시간에 무엇을 했을까요? 호텔신라의 주가가 하락하는 것을 보면서 "더 떨어져라. 더 떨어져라. 조금만 더 떨어져라." 이렇게 속으로 외치며 호텔신라 주식을 샀습니다. 지금은 호텔신라 주식을 갖고 있지 않습니다.

10,000원이던 주식이 8,000원이 되면 위험은 20% 감소한 것입니다.
반대로 10,000원이던 주식이 12,000원이 되면 위험은 20% 상승한 것입니다.
주식의 가격이 하락할수록 위험은 낮아지고 주식의 가격이 상승할수록 위험은 높아집니다.

그런데 사람들은 주가가 하락하면 위험하다고 생각합니다.
주가 하락이 위험하다고 배웠고 그대로 생각합니다.
반대로 주가가 상승하면 안전하다고 생각합니다.
그 생각을 바꾸어야 합니다.
변동성은 위험이 아니라 시장수익을 넘어선 초과수익을 얻을 수 있도록 기회를 주는 좋은 친구이자 유일한 방법입니다.

이 책에서 자주 이야기하지만, 항상 어떤 투자를 하든지 그 기업이 좋은 기업이라는 기본 조건이 충족된 후 이야기입니다.
쓰레기 같은 기업에 투자한다면 어떠한 투자 철학도 의미가 없습니다.

2 내가 무슨 행동을 하는지 모르고 주식을 산다

이를 먼저 한 줄로 요약하면 '분별력이 없다.' 이렇게 표현할 수 있습니다.

앞에서 언급했듯이, 보통의 개인투자자들이 주식을 사는 이유가 여러 가지 있겠지만 그 이유들을 나열해보면 한 가지로 정리됩니다.

"주식이 오를까 봐."

이것이 주식을 사는 근거의 시작과 끝입니다.

주식이 오를까 봐 사는 것은 좋습니다. 그럼 왜 주가가 오를거라고 생각하는지 그 판단과 결정의 근거는 없습니다.

친구가 오른다고 해서, 유튜브에서 오른다고 해서, 주식 리딩방에서 추천해줘서, 이유와 근거를 찾는다면 이 정도가 대부분일 것입니다.

사람들은 가치투자를 한다고 하면서 실제로는 가치투자가 아닌 '같이투자'를 합니다. 친구가 알려줘서, 또는 아는 사람이 알려준 '카더라 통신'을 듣고 그 사람과 '같이투자'를 합니다.

조금 지난 일이지만 LG에너지솔루션이라는 기업이 주식시장에 상장되었습니다. 다들 아시겠지만 자동차 회사에 전기차 배터리를 공급하고 연구 개발하는 기업입니다.

주식공모를 할 때 많은 사람들이 몰려들었습니다. 심지어 어떤 사람은

돈 버는 주식은 따로 있다

저에게 주식 하는 사람이 LG에너지솔루션 공모주 청약을 하지 않는다고 저를 주식에 대해 잘 모르는 하수 취급한 적이 있었습니다.

그만큼 사람들의 기대가 컸습니다.

LG에너지솔루션의 기술력이 높게 평가되기 때문입니다.

저는 LG에너지솔루션이 LG화학에서 분사되어 상장하기 전 전기차 배터리를 시작할 때부터 관심을 두지 않았습니다.

LG에너지솔루션뿐만 아니라 삼성SDI, SK이노베이션 등 국내 배터리 3사 모두 관심도 없고 쳐다보지도 않았습니다.

이유는 명확합니다.

내가 투자할 기업을 선정할 때는 경쟁기업까지 함께 분석하고 공부해야 합니다. 그래야 실수를 줄이고 투자에 성공할 확률을 높일 수 있습니다.

내가 투자하려는 기업이 다른 경쟁기업에 비해 어떤 점이 뛰어난지, 어떤 장점이 있어서 나를 방어하고 지킬 수 있는지 알려면 경쟁기업도 함께 공부해야 합니다.

일본의 파나소닉이 있고 중국의 CATL, BYD 등 많은 전기차 배터리 개발 기업이 있습니다.

일반인이 직장 다니며 이것을 다 공부하기는 힘듭니다. 이 많은 기업 중 누가 경쟁에서 승리할지, 누가 사라질지 알 수 없습니다.

당시에 제 개인적인 생각으로는 CATL이 가장 낫지 않을까 생각만 했는데, 현재 자동차 배터리 점유율 1위 기업이 CATL입니다.

생각만 하고 주식은 사지 않았습니다.

CATL은 가격이 저렴한 인산철을 원료로 배터리를 제조하는데 리튬이온 배터리보다 가격은 저렴하지만 에너지밀도가 낮아서 주행거리가 짧다는 단점이 있습니다. 대신 에너지밀도가 낮아서 리튬이온 배터리보다 화재 발생에서는 더 안전하다는 장점이 있습니다.

LG에너지솔루션은 이러한 이유로 기술 격차를 위해 리튬이온 배터리 개발에 집중하고 성능을 끌어올리는 대신 인산철 배터리 개발에는 소홀했습니다.

그런데 CATL에서 예상을 깨고 테슬라에 납품을 시작했는데 테슬라에서 인산철 배터리를 탑재했음에도 소프트웨어 업데이트를 통해 배터리 효율의 최적화를 이루었습니다. 그 결과 우려했던 것보다 주행거리가 나쁘지 않았습니다. 동시에 배터리 화재에서 자유롭다는 장점을 얻었습니다.

테슬라가 인산철 배터리를 사용하면서 인산철 배터리의 가능성을 보여주었습니다.

LG에너지솔루션은 뒤늦게 인산철 배터리 개발에 뛰어들었는데 조금 늦은 감이 있습니다.

현재는 CATL이 1위 자리를 지키고 있지만 앞으로 1위 자리가 바뀔 수도 있습니다. 미래에 LG에너지솔루션이 1등을 할 수도 있고 CATL이 1등할 수도 있습니다. 일본의 파나소닉이 1등 기업이 될 수도 있고 SK이노베이션이 시장점유율 1등이 될 수도 있습니다.

그런데 이것을 생각해야 합니다.

만약에 LG에너지솔루션이 1위 기업이 되었다고 가정하겠습니다. 1등이 되면 누릴 수 있는 영광은 무엇일까요?

테슬라의 1등 하청업체가 되는 겁니다.

　　　　　　　　　　　　　돈 버는 주식은 따로 있다

이게 자랑할 일인가요?

산업에 따라서 1등 하청업체가 자랑인 경우도 있습니다.

네덜란드에 ASML이라는 기업이 있는데 반도체 제조장비 중 EUV장비를 개발하고 생산하는 기업입니다.

반도체는 큰 회로를 손톱만큼 작은 곳에 압축해놓은 고밀도 회로라고 이해하시면 쉬울 겁니다. 작은 반도체 안에 수천만 개 또는 성능에 따라 고성능 반도체는 수억 개 이상의 트랜지스터가 장착되어 하나의 회로로 연결되어 있습니다.

불가능해 보일 정도로 복잡한 반도체 생산을 하려면 포토공정이 들어가는데 웨이퍼에 빛을 이용해 회로의 이미지를 새기는 작업이 필요합니다. 빛을 이용해 감광시키는 작업공정을 노광작업이라고 합니다.

이때 사용되는 장비가 DUV(Deep Ultra Violet)입니다. DUV장비는 193 나노미터 파장의 빛을 사용하는 장비입니다. 반도체 생산 미세공정 때 필수적으로 필요한 장비입니다. 주로 일본의 캐논, 니콘에서 개발 및 생산했던 장비입니다.

그런데 미세공정은 DUV장비로 가능하지만 초미세공정을 진행하려면 DUV장비로는 안 됩니다.

EUV(Extreme Ultra Violet)장비가 있어야 하는데 EUV장비는 네덜란드 ASML 이외의 기업에서는 생산이 불가합니다.

뉴스 기사에서 3나노미터 5나노미터 반도체공정이라는 말을 보셨을 겁니다. 3나노미터 5나노미터 초미세공정을 가능하게 하려면 반드시 EUV노광장비가 있어야 입니다.

미국이 반도체 동맹을 맺어서 중국이 반도체 기술 개발을 못하도록 막는 방법 중 가장 큰 핵심이 EUV장비를 중국에 못 들어가게 막는 것입니다.

그런데 중국이 얼마 전 DUV장비를 활용해서 7나노미터 반도체 생산에 성공했습니다. 이 기사가 충격적인 기사지만 불가능한 것은 아닙니다.

DUV장비를 갖고도 7나노미터 반도체를 생산할 수는 있습니다. 다만 시제품 몇 개는 생산이 가능해도 양산은 힘듭니다.

이유는 DUV장비를 활용해서 7나노미터 반도체를 생산하려면 생산비용이 터무니없이 많이 들어갑니다. 즉, 경제적 가치가 없는 행동이라 무의미한 행동에 가깝습니다.

코카콜라 한 병에 5만 원을 들여서 만든다고 하면 만들라고 해야지 할 말이 없죠.

그럼에도 미국은 더욱 숨통을 조이기 위해 DUV장비도 중국에 못 들어가게 막고 있습니다.

모든 EUV와 DUV노광장비가 중국에 못 들어가도록 하고, 생산 후 판매 시 미국의 승인을 받아야 하고 이를 어기면 미국이 가만 있지 않습니다.

중국이 최대한 할 수 있는 행동은 중고나라, 당근마켓 또는 번개장터에서 중고 DUV장비를 검색해서 개인 직거래하는 것 외엔 방법이 없습니다. 이마저도 미국이 개입해서 쉽지 않은 상황입니다.

그럼 이렇게 생각하는 분도 계실 겁니다.

"중국이 막대한 자본과 우수한 인력을 많이 보유하고 있는데 직접 개발을 하면 되지, 돈으로 안 되는 게 어딨어?"

이렇게 생각하실 수 있습니다. 일리 있는 말처럼 들릴 수 있지만 단언컨대 '절대 불가'입니다.

중국이 잘하는 특기가 남의 것 뺏고 카피하는 것입니다. 최근에는 이순신 장군도 중국인이라고 합니다.

그런 이유로 중국이 시도조차 못 하는 것이 EUV장비 개발입니다. 시도조차 안 하는 것은, 그것이 얼마나 어리석은 일인지 잘 알기 때문입니다.

돈으로 되는 게 있고 안 되는 게 있습니다. EUV장비 개발은 돈으로 되는 것이 아닙니다.

네덜란드의 ASML이 EUV장비를 만드는 데는 약 5,000개 가까운 업체들의 협력이 필요합니다. 수천 개 업체들과의 협력과 신뢰를 바탕으로 만들어진 작품인데 이것을 돈이 있다고 카피할 수는 없습니다.

ASML이 각 업체들에게 장기 독점계약을 이루어냈고 ASML 이외의 회사에는 부품을 납품하지 않습니다.

부품 공급은 ASML과 각 부품업체들끼리의 신뢰를 바탕으로 이루어지기도 했지만, 그와 동시에 미국의 승인을 받아야 합니다. 부품 한 개라도 중국에 넘어가서는 안 됩니다.

중국이 EUV장비를 스스로 개발하려면 수천 개가 넘는 업체들과 신뢰를 바탕으로 협력하며 같이 연구 개발을 해야 하는데 지금까지 중국이 국제사회에서 워낙 모범적이고 젠틀하게 행동하며 약자를 배려하고 타인의 지식재산권을 보호하고 그 가치와 노력을 존중하며 세계 모든 국가가 중국을 크게 신뢰하는 행동을 많이 하며 살아왔기 때문에 어느 누구도 중국을 믿고 함께 기술 개발을 할 수 있는 기업이 없습니다.

중국이 돈을 빌려준 아프리카 몇 나라 또는 방글라데시, 파키스탄 정도는 가능할지 모르겠지만 그 이외의 국가들은 중국과 서로 신뢰를 바탕으로 기술 개발을 하자고 하면 웃을 겁니다.

이러한 이유 때문에 중국이 시도조차 못 하고 있습니다.

EUV장비 설명 때문에 이야기가 조금 길어졌습니다.

ASML은 파운드리 기업에 장비를 납품하는 하청업체입니다.

하청업체임에도 삼성전자, TSMC, 인텔, 마이크론, 글로벌파운드리 등 세계적인 반도체 생산 기업들을 모아서 줄을 세웁니다(기사를 찾아보면 이재용 부회장이 ASML과 좋은 관계를 유지하려고 노력하는 모습이 자주 나옵니다).

"너희가 나한테 개발비를 투자하면 내가 너희가 준 돈으로 연구해서 장비를 개발할 테니 개발이 완료되면 너희가 다시 돈을 주고 그 장비를 구입해! 돈 투자하지 않은 기업은 돈을 줘도 안 팔 거니까…"

이렇게 3자배정 유상증자를 통해 주식을 강매합니다. 파운드리 기업들은 내가 돈을 내고 개발한 장비를 다시 돈을 주고 사야 합니다.

그럼에도 불만을 가질 수 없고 EUV장비 1개만 더 팔아달라고 부탁합니다. 삼성전자든 TSMC든 세계적인 기업들이 우리에게 EUV장비 1개라도 더 팔아달라고 애원하는 기업이 ASML입니다.

이런 일이 가능한 이유는, 반도체 파운드리 기업들이 ASML 아니면 EUV장비를 공급받을 수가 없고 또 다른 대안이 없기 때문에 가능한 일입니다.

전 세계에 유일무이한 기업이기 때문에 슈퍼 을이 될 수 있습니다.

저는 ASML에 투자했다가 작년에 토지 매입 잔금을 치르느라 어쩔 수 없이 눈물을 흘리며 매도했지만 현재 이 주식을 갖고 있지 않다는 것이 마음 한구석에 허전함으로 남아 있습니다.

돈 버는 주식은 따로 있다

대당 수천억 원씩 하는 고가의 장비를 내 돈 안 들이고 고객사에게 돈을 받아서 개발비 쓰고 개발하면 다시 돈 받고 파는 이런 아름다운 기업은 슈퍼 을이라도 충분히 투자할 가치가 있습니다.

다만 이런 경우는 전례를 찾아보기 힘든 드문 경우입니다.

이런 예외적인 경우를 제외하고 타 기업의 하청업체가 되기 위해 1위 자리를 놓고 경쟁하는 게 잘하는 건가요?

그럼 테슬라는 그 상황을 지켜보면서, "열심히들 해서 테슬라에 적합한 배터리를 만들어라." 이렇게 생각하며 흐뭇하게 기다릴 겁니다.

그리고 1등 기업이 정해졌을 때 테슬라는 무엇을 할까요?

단가 후려치기를 합니다.

이미 테슬라도 배터리 기술이 있고, 2022년 기준 조금 부족하지만 4680배터리 양산수율을 높이고 있습니다. 테슬라가 배터리 기술을 갖고 있는 한 삼성이든 CATL이든 어느 기업이 배터리 1등 기업이 되든 테슬라 한테 꼼짝 못 합니다.

2020년 가을 테슬라에서 배터리DAY를 지정해 4680배터리의 개발 및 비전에 대해 세상에 발표했는데 다음 날 테슬라 주가는 기대감으로 상승하는 것이 아니라 오히려 9% 급락했습니다. 이유는 시장에서 불가능하다고 생각하며 믿지 않았기 때문이고, 심지어 사기꾼이라는 말까지 나왔습니다.

4680배터리는 기존에 있던 규격의 배터리였고 파나소닉에서 양산 개발을 시작하며 테슬라와 손을 잡았습니다. 양산 확률이 가장 높은 배터리 규격이었기 때문에 테슬라가 4680배터리 개발에 성공해서 좀 더 저렴한 가격에 전기차를 생산하겠다고 포부를 밝혔는데 시장에서는 이것이 안될 거라고, 실패할 거라고 사실상 단정 지었던 배터리 규격인데 이걸 양산하는 데 성공했습니다.

아직 수율을 조금 더 높여야 하지만 사실상 성공했다고 봐도 무방합니다. 현재 속도라면 2023년 2분기 정도 되면 수율이 많이 올라갈겁니다.

최근에는 독일 자동차 제조사들도 4680배터리 규격을 도입하려는 시도를 하고 있습니다. 그렇다면 중국이든 한국이든 배터리 제조사는 테슬라가 이미 만들어놓은 4680 규격대로 성실하게 생산해서 납품해야 합니다.

테슬라도 이미 배터리를 직접 생산할 뿐 아니라 수년 전부터 니켈, 코발트, 망간 등 배터리 제조에 필요한 원자재를 확보하기 위해서 전 세계 광산을 닥치는 대로 사들이고 있습니다.

배터리 원자재 공급, 기술 개발, 배터리 생산 모두 수직계열화되고 있는 상황에서 배터리 제조사가 배터리 공급을 무기로 테슬라에게 위협을 가할 수 있을까요?

이런 상황에서 LG에너지솔루션이 1등을 하든 삼성SDI가 1등을 하든 그게 무슨 큰 부가가치가 있을까요?

직원들 월급 주고 밥은 먹을 수 있을 겁니다.

과연 테슬라가 돈을 넉넉히 주며 배터리를 납품받을까요?

만약에 ASML이 삼성전자, TSMC에게 하는 것처럼 LG에너지솔루션이 테슬라한테 "당신이 우리 회사에 돈을 투자하면 당신 돈으로 배터리를 개발할 테니 개발이 완료된 배터리를 다시 당신이 돈 주고 사서 쓰시오." 이런 말을 하며 제3자배정 유상증자를 하려고 한다면 영원히 테슬라와 이별을 하게 될 겁니다.

돈 버는 주식은 따로 있다

애플은 제품을 직접 제조하지 않습니다.

대만 기업인 폭스콘에서 중국에 공장을 설립해 중국에서 제조합니다. 현재는 중국 생산 비중을 줄여가며 다른 나라로 조금씩 이동 중인 상황입니다.

그럼에도 애플의 이익률이 30%가 가능한 이유는 무엇일까요?

엄청난 단가 후려치기입니다.

지금은 좀 개선되었지만 몇 년 전까지만 하더라도 중국 노동자들은 유해가스가 발생하는 제조시설에서 3명이 1개의 마스크를 돌려쓰며 아이폰을 제조했습니다. 애플에 납품 단가를 맞추기 위해서입니다.

지금은 논란이 되고 노동자들 인권 문제 때문에 마스크는 각자 지급하는 것으로 변경되었지만 과도한 단가 후려치기로 인해 노동자들의 건강을 망가뜨렸습니다.

안타깝지만 이런 모습이 자본주의의 생리이고 우리는 이런 세상에 살고 있습니다.

누가 1등 배터리 기업이 되든 테슬라의 하청업체가 됩니다. 하청업체가 되면 폭스콘의 전철을 밟는 것을 피할 수 없을 겁니다. 이미 테슬라가 전기차 시장에서 1등 자리를 차지하고 있고, 테슬라를 견제할 경쟁기업이 없습니다. 기술 격차와 시장점유율은 더 벌어지고 있습니다.

문제는 폭스바겐, 도요타를 포함한 다른 내연기관 회사들도 배터리 개발에 힘쓰고 있다는 점입니다.

필자가 LG에너지솔루션을 포함하여 기타 배터리 기업에 투자한 것은, 앞으로 전기차 시대로 전환되는 상황에서 올바른 판단이라 믿고 내린 결정이었을 겁니다. 그런데 제가 말씀드린 시장 상황이나 산업의 구조 등 현실을 면밀히 공부하고 내린 결정인지 스스로에게 질문해야 할 겁니다.

전기차에 투자하려면 단가 후려치기를 하는 갑의 위치인 테슬라에 투자하는 게 낫지 않을까요? 그 밑의 하청업체에 투자할 이유가 있을까요?

왜 테슬라만 찬양하냐고 생각하는 분도 계실 겁니다.

자동차 업종의 현실을 이야기하겠습니다.

현재 자동차 기업 중 재무구조가 가장 튼튼하고 좋은 기업이 도요타입니다. 2022년 기준 도요타의 부채는 150조를 향해 달려가고 있습니다.

현대자동차는 도요타보다 작은 기업이지만 부채는 더 심각합니다. 미국의 GM, 포드, 스텔란티스도 모두 좀비 기업으로 변하는 중입니다.

독일 자동차 기업이라고 크게 다르진 않습니다. 최근 몇 년 전기차 개발에 많은 돈을 투자했지만 그 성과가 나타나지 않고 있습니다. 뿐만 아니라 자율주행 기술 개발에 막대한 돈을 쏟아부었지만 사실상 실패 선언을 하고 있습니다. 더 이상 투자를 진행할 여유가 없을 뿐 아니라 기업 자체가 좀비 기업화되고 있는 상황입니다.

투자를 하고 싶어도 더 투자할 돈이 없을 뿐 아니라 이미 한계에 도달했습니다. 이제는 대출 규모가 차를 팔아서 버는 돈으로 해결할 수 없는 재무 상태입니다.

테슬라를 제외한 모든 자동차 회사의 전기차 판매량을 합쳐도 테슬라와 경쟁하기 힘듭니다. 여기서 더 절망스러운 것은, 테슬라는 애플과 맞먹을 정도의 높은 마진을 얻으며 차를 팔고 있는데 다른 자동차 기업들은 전기차를 팔아도 돈이 남지 않습니다. 실질적으로 손해를 보며 팔고 있습니다.

돈 버는 주식은 따로 있다

자동차 기업들은 자동차 전체 시장에서 전기차 비중이 높아진 만큼 내연기관 자동차의 비중이 작아지기 때문에 당장 돈이 되는 내연기관 자동차를 포기해야 하는 악순환이 생깁니다.

이번 달 급여를 주고 회사를 유지하려면 내연기관 자동차를 팔아야 합니다. 그런데 이 방향으로 달려가면 죽는다는 것을 알면서도 달려갈 수밖에 없는 상황이니 사실상 바닷물을 마시기 시작했다고 할 수 있습니다.

거북이가 토끼를 이기려면 토끼를 물가로 끌고 가야 합니다. 자기가 유리한 곳에서 달리지 않으면 토끼를 이길 수가 없으니까요.

테슬라는 자기가 유리한 곳으로 내연기관 자동차 기업들을 끌고 왔습니다. 테슬라는 도요타와 비교해 자동차 판매량이 1/8 수준입니다. 그런데 돈은 테슬라가 더 많이 벌고 있습니다.

내연기관 자동차 기업들은 전기차를 팔면 손실이 생기고, 그렇다고 전기차를 팔지 않으면 회사가 문 닫는 것은 시간이 몇 년 걸리느냐의 문제일 뿐 이미 정해진 미래입니다.

현대 아이오닉과 기아 EV 시리즈 생산원가가 얼마인지, 그리고 소비자 판매가격이 얼마인지 독자님들께서 각자 찾아보시면 놀라실 겁니다.

테슬라는 현재 부채가 제로에 가깝고 현금 보유량이 엄청납니다. 이 상황에서 테슬라가 전기차 치킨게임을 시작하거나 3만 달러 미만의 대중적인 전기차 양산을 시작한다면 결과는 어찌 될까요?

그래서 앞서 말씀드린 대로 배터리 기업들은 테슬라에게 밑보이면 안 됩니다.

또 다른 예를 들겠습니다.

대한민국 국민들의 국민주식이라 불리는 삼성전자입니다.

삼성전자 주식을 사는 주주들이 반도체 세계 1등 기업은 삼성전자라고 생각하는 경우가 매우 많습니다.

생각만 하는 것을 넘어서 저한테 제가 뭘 아냐고 따지며 삼성전자가 세계 1등이라고 우기는 사람도 몇 있었습니다.

각자의 상상 속에서 영화나 드라마를 찍는다면 문제될 것이 없지만 우리는 현실에 돈을 투자하는 투자자입니다.

삼성전자가 메모리반도체에서 1등인 것은 맞습니다. 메모리반도체 한 부분에서는 잘하고 있지만, 반도체 분야에는 메모리반도체만 있는 것이 아니라 비메모리 반도체도 있습니다. 세계 반도체 시장에서 메모리반도체가 차지하는 비중은 비메모리반도체보다 크지 않습니다.

또 비메모리반도체가 훨씬 더 큰 부가가치가 있는 시장인데 삼성전자가 많은 노력과 자본을 투자해도 비메모리반도체에 손대지는 못합니다. 비메모리반도체에 대한 비전은 자주 제시하지만 현실적으로 보여주는 것은 아직 없습니다.

비메모리반도체의 성공 여부에는 자본이 아니라 절대적으로 사람이 중요합니다. 삼성이 돈이 없어서 못 하는 것이 아니라 사람이 없어서입니다.

한 해 대학생들이 졸업할 때 반도체 관련 공부를 한 사람이 약 1,000여 명입니다. 학생 수도 부족하지만 교육에서 기업이 꼭 필요한 교육이 잘 이루어지지 않습니다.

제가 좋아하는 기업 중 자일링스(Xilinx)가 있습니다. 이 회사에 투자했다가 AMD가 자일링스를 인수하면서 자일링스 주식을 매도 후 AMD 주식 비중을 늘렸습니다. 자일링스는 FPGA반도체 전문 기업인데 이 분야에서 세계 1등 기업입니다.

그런데 이 회사의 특징이, 최근에 창업한 스타트업 회사라는 겁니다. 그럼에도 비싼 기업가치를 인정받습니다.

삼성전자에서 자일링스를 인수하려는 움직임을 보이다가 당시 트럼프 대통령이 불편하게 생각해서 시도하지 못했습니다.

자일링스가 스타트업임에도 빠르게 성장할 수 있었던 이유는 자본의 능력이 아니라 사람의 능력입니다. 마벨 테크놀로지(Marvell Technology)라는 반도체 설계 회사도 마찬가지입니다. 이 회사는 서버에 들어가는 칩 전문 설계 기업입니다. 창업한 지 오래되지 않은 기업임에도 높은 기업가치를 평가받고 있습니다.

이들 모두 비메모리반도체 설계 전문 기업입니다. 비메모리반도체를 해야만 밝은 미래가 있습니다.

말씀드렸듯이 돈으로만 되는 것이 아니라 사람의 능력으로 되는 분야라 삼성이 이 부분에 취약합니다. 대학생들은 취업이 안 돼서 힘들다 하지만 기업에서는 사람이 없어서 고민입니다. 앞뒤가 안 맞는 말이지만 현실이 그렇습니다.

국영수를 잘하는 사람은 대치동에 넘쳐나지만, 기업에는 비메모리반도체 설계를 할 수 있는 교육을 받은 인재가 필요한데 한국의 사회문화와 교육 구조상 어려운 일입니다.

그래서 삼성전자가 미국에 법인을 세워서 미국 인재들을 모집하고 비메모리반도체 개발에 막대한 자본을 쏟았지만 결국 포기하고 사업을 정리했습니다.

삼성전자가 현실적인 가능성을 보고 많은 돈을 투자하고 있는 분야가 반도체 파운드리(위탁생산)입니다. 저는 삼성전자가 비메모리반도체 시장에 진입하는 것보다 차라리 반도체 파운드리 사업에 삼성전자가 도전했을 때 현실적으로 가능성이 높다고 생각하고 파운드리 사업에 엄청난 돈을 투자하고 있는 지금의 행동이 올바른 판단이라 생각합니다.

하지만 반도체 파운드리 시장에서는 삼성전자가 현재 세계 2위 기업인데 문제는 1등인 대만의 TSMC와 격차가 너무 커서 1등이 아닌 2등, 3등은 의미가 무색합니다.

현재 파운드리 1등인 TSMC의 점유율은 60%를 향해 가고 있습니다. 2등인 삼성전자의 점유율은 15%를 유지하는 것도 만만치 않습니다.

스마트폰은 세계 1등 기업인 애플과 경쟁해야 합니다.

현재 애플은 삼성전자와 사업 방향을 다르게 하고 있습니다.

기존에는 애플도 삼성전자처럼 아이폰의 판매량을 늘리려고 삼성전자와 경쟁했습니다.

프리미엄 브랜드가치를 유지하기 위해 고가정책을 기조로 사업을 진행했지만 애플의 사업 방향이 조금 바뀌고 있습니다. 과거에 없던 저가형 아이폰을 출시하고 있습니다. 애플은 항상 비싼 고가정책을 유지했지만, 이제 가격은 저렴한데 내구성은 뛰어나며 결정적으로 저가형 아이폰과 고급형 아이폰에서 같은 칩을 사용하고 있습니다. 저가형 아이폰을 구입하더라도 성능이 훌륭해서 삼성전자에는 큰 부담이 되고 있습니다.

이처럼 애플이 과거와 다른 모습을 보여주고 있습니다. 애플이 고가정책만 고집하지 않는 이유는, 저가형 아이폰의 성능과 품질을 높여서 삼성전자에 부담을 주는 것 외에 또 다른 이유가 있습니다.

돈 버는 주식은 따로 있다

삼성전자는 자체 OS가 없이 구글의 안드로이드를 기반으로 스마트폰 제조 및 판매만을 하고 있습니다. 하지만 애플은 iOS를 중심으로 소프트웨어 경쟁력이 뛰어납니다.

자체 OS가 없이 기계 제조에만 의존하는 기업은 어떤 결과를 받아들여야 하는지 역사를 살펴보면 알 수 있습니다.

과거 IBM이 전성기 시절 OS를 우습게 생각하고 마이크로소프트가 OS 시장에 뛰어들어 장악하는 것을 대수롭지 않게 생각했습니다. 이유는 눈에 보이는 컴퓨터 본체를 우리가 만드는데 소프트웨어 만드는 마이크로소프트가 우리한테 위협이 되지 못할거라고 장담했습니다.

그런데 OS를 장악한 마이크로소프트가 최강자가 되고 하드웨어 개발 및 제조에만 전념하던 IBM은 현재 10대들이 이름을 들어도 알지 못하는 기업이 되었습니다.

이처럼 과거 IBM의 역사를 통해 애플이 왜 OS를 잘 지키고 지속적인 투자로 경쟁력을 유지했는지 알 수 있습니다.

이제 애플의 목적은 아이폰 판매만이 아닙니다. 판매되는 아이폰을 오래 사용할 수 있도록 품질과 내구성을 일부러 높이고 있습니다.

전에는 이런 모습이 아니었습니다. 과거에는 소프트웨어 업데이트로 배터리 성능을 일부러 저하시켜서 아이폰을 빨리 교체하도록 유도했던 적이 있습니다.

지금부터는 더 이상 그런 일이 일어나지 않을 겁니다. 아이폰을 구입한 고객이 최대한 오랫동안 사용할 수 있게 하는 것이 애플의 목적입니다. 최대한 많은 아이폰 유저를 확보해서 많이 판매된 아이폰을 기반으로 소프트웨어 및 서비스 판매로 매출을 올리려는 게 애플의 변경된 사업 기조입니다.

애플은 아이폰을 시중에 많이 깔아놓고 편하게 앉아서 돈을 버는 구조로 진화 중이지만 삼성전자는 이걸 할 수 없습니다. 오직 핸드폰 제조 및 판매에만 의존해야 하고, 고객에게 많은 서비스를 제공할 수가 없고 제공해서도 안 됩니다.

서비스의 질이 높아지고 아이폰처럼 기계의 내구성과 성능을 끌어올리면 고객의 핸드폰 사용 기간이 길어지기 때문에 핸드폰을 잘 안 바꾸고 오래 사용합니다. 그러면 OS가 없는 삼성전자는 핸드폰 판매에만 의존해야 하기 때문에 매출에 큰 타격을 입게 됩니다.

시간이 지나면 삼성전자는 불리해지고 갤럭시 사용자들이 조금씩 애플로 이동할 겁니다. 애플의 OS 사용이 힘들어서 오직 안드로이드만 사용해야 하는 어르신들은 계속 삼성전자 제품을 사용해야 하기 때문에 일부 사용자는 남아 있을 겁니다.

시간이 삼성전자가 아닌 애플의 편이 되고 있습니다.

그리고 반도체 파운드리는 세계 1등인 TSMC를 쫓아가는 것도 쉽지 않습니다. 삼성전자가 대단한 기업이지만 현재 쉽지 않은 위치입니다.

삼성이 잘하는 가전 사업은 부가가치가 크지 않아 돈이 안 되는 사업입니다.

결국 반도체 또는 스마트폰으로 승부를 걸어야 하는데 메모리반도체는 삼성전자가 점유율 1등이긴 하지만 마이크론, SK하이닉스 등 삼성전자를 대체할 수 있는 기업들이 존재하기 때문에 마음을 놓고 있지 못합니다.

LG에너지솔루션이나 삼성전자의 현실은 이렇습니다.

돈 버는 주식은 따로 있다

그런데 투자자들은 CATL, TSMC 등의 이름조차 모르는 사람이 많습니다. 내가 무엇을 모르고 있는지, 내가 하는 행동이 어떤 행동인지조차 모르고 주식을 매매합니다.

위험한 것은 변동성이 아니라 내가 무엇을 모르는지조차 모르고 주식 매매를 하는 것, 내가 지금 하고 있는 행동이 어떤 행동인지도 모르고 힘들게 모은 투자금을 과감하게 투자하는 것이 위험한 것입니다.

저는 한국 기업에 투자하고 있지 않습니다.
이유는 한국의 경제구조가 과거 일본의 경제구조를 모방했던 부작용이 나타나서입니다.
조금 더 자세히 말씀드리면, 앞서 언급했듯이 한국의 기업들은 주로 제조업을 기반으로 사업을 하고 있습니다. 실제로 제조업에 있어서 세계적인 수준임에는 틀림없습니다.
그런데 제조업 기반의 기업은 기업가치를 높게 평가받을 수 없습니다. 그 이유는 파산의 위험이 항상 존재하기 때문입니다. 막대한 자본으로 토지를 매입하고 설비투자를 해야 하며 많은 사람을 고용해 인건비를 지불해야 합니다.

채권발행에 대한 부담과 고정비가 많이 지출되기 때문입니다. 그래서 파산에 노출되어 있다는 위험이 있습니다.
우리가 잘 알고 있는 애플, 아마존, 구글, 페이스북, 테슬라, 마이크로소프트 등 세계 1등 기업들은 모두 제조업에 기반을 두지 않습니다.
전부 플랫폼 기업이며, 많은 토지를 매입하지 않고 설비투자도 필요 없는 사업이 대부분입니다.

그래서 확장성이 빠르고 쉬운 반면 제조업 기반의 사업은 확장성이 힘들고 어렵습니다.

결정적으로 한국 기업들은 비즈니스가 잘되더라도 테슬라, 애플 등 세계적인 기업들의 하청업체에 불과합니다.

잘되었을 경우를 말하는 겁니다. 잘되지 않으면 하청업체도 못 합니다.

이 부분이 제가 한국에 투자를 꺼리는 이유입니다.

이런 한국의 경제구조가 일본처럼 재벌식 경제구조로 압축성장을 하던 시절에는 분명 유리했었고 그로 인해 우리는 한강의 기적을 겪으며 그 혜택을 누리며 살아왔습니다.

하지만 지금은 세상이 달라졌습니다. 인터넷이 있고 스마트폰이 있는 세상에 살고 있으며 가까운 미래에 자율주행 기술이 완성되는 시점에 살고 있습니다.

제조업을 너무 등한시하면 현재 미국이 중국에게 제조업을 거의 다 내어주며 겪고 있는 어려움을 한국도 겪어야 하기 때문에 제조업을 유지는 해야 하지만 너무 많은 사업군이 제조업에 쏠려 있는 것은 한국 경제가 발전하는 데 분명 한계가 있는 경제구조입니다.

제 글을 읽고 삼성전자에 대해 부정적인 견해가 생기실 수도 있습니다. 그런데 한국에 삼성전자만 한 회사가 없는 것도 사실입니다.

삼성전자를 제외하면 해외시장에 내놓을 만한 글로벌 기업이 별로 없습니다. 삼성전자가 한국이라는 경제 여건 속에서 많은 것을 이루어낸

돈 버는 주식은 따로 있다

훌륭한 기업임에는 틀림없습니다. 다만 삼성전자가 경쟁해야 하는 기업이 애플, TSMC와 같은 대단한 기업들이다 보니 힘들 수밖에 없습니다.

앞으로 삼성전자가 애플을 누르고 세계 1등 기업이 될 거라 생각하는 분이 계신다면 삼성전자에 투자하는 것이 올바른 선택이겠지만 그렇지 않다면 현재 1등 기업인 동시에 앞으로도 계속 1위 자리를 유지하며 장기적인 성장을 이어갈 수 있는 기업에 투자하는 게 현명하다고 생각합니다.

3 사람들은 부자처럼 보이기 위해 가난해진다

거의 모든 사람들이 공통적으로 하는 이야기 중 하나가 "돈이 없다"입니다.

경제활동을 하지만 항상 돈이 없습니다. 월 소득은 통장을 스쳐 지나갈 뿐 잘 모이지 않습니다. 누구나 마찬가지죠.

그럼에도 누군가는 비슷한 소득으로 종잣돈을 만들어 안정적인 투자로 자산을 불려나가고 있습니다.

우리가 돈이 없는 이유는 크게 두 가지로 분류할 수 있습니다. 첫째는 소득이 너무 적은 경우, 둘째는 소득에 비해 많이 지출하는 경우입니다.

첫 번째인 경우보다 두 번째에 해당하는 경우가 많습니다.

돈은 항상 부족합니다. 한 달에 500만 원을 벌어도 부족하고 1,000만 원을 벌어도 부족합니다. 심지어 월 2,000만 원을 벌어도 부족합니다.

돈은 어떻게 쓰는지에 따라 다르니까요.

3개월치 카드 내역서를 세심히 보면 꼭 소비하지 않아도 되었던 것들이 눈에 들어옵니다. 그리고 꼭 소비하지 않았어도 되었던 그 결제 내역을 모아서 계산해보면 생각보다 목돈이라서 놀랄 겁니다.

우리는 각자 다른 참새방앗간이 있습니다. 그 참새방앗간을 찾아서 문

돈 버는 주식은 따로 있다

을 닫으면 돈이 모이기 시작할 겁니다.

그렇게 모인 돈이 종잣돈입니다. 종잣돈 모으는 유일한 방법은 안 쓰는 것입니다. 이외에 다른 방법은 없습니다.

인스타그램에 들어가보면 대한민국 국민 중 80%는 부자로 보입니다. 고급 자동차, 시계, 명품 가방, 값비싼 레저, 해외여행, 청담동 맛집, 호텔 등 이런 사진들을 자주 보면 나만 힘들고 가난한 것처럼 소외감이 생깁니다.

현실은 그렇지 않습니다. 실제 부자들은 그리 많지 않습니다.

과거에도 현재도 부자는 소수입니다. 이 비율은 변하지 않습니다.

저는 직업의 특성 때문에 매년 수많은 집에 방문합니다.

현실에서 실제로 본 것을 말씀드리면, 경제 형편이 어려운 집에는 거의 명품이 있습니다.

그런데 경제 형편이 좋은 집에는 사람 성향에 따라 사치품이 있는 집도 있고 없는 집도 있습니다.

경제 형편이 좋은 집에 명품이 없는 경우는 관심사가 다른 곳에 있어서 관심을 두지 않는 경우지만, 심지어 명품이 몇 개 있는 집이더라도 있으니까 쓰는 물건이지 여기에 의미를 부여하거나 하진 않았습니다.

모든 경제 여건이 좋은 사람을 다 만나보진 못해서 제가 하는 이야기를 일반화시킬 수는 없습니다만 제가 수년간 여러 집을 방문했던 경험에서는 그랬습니다.

한번은 제가 청소하러 집에 도착했을 때 여성분이 텔레비전을 끄고 방에 들어가서 가방을 가지고 나오셨습니다. 그리고 제 뒤에서 구찌 가방을 노란 극세사(코스트코에서 판매하는 제품) 천으로 닦으면서 "아저씨, 뒤에서 보고 있으니 잘하세요." 이런 여성분도 계셨습니다.

그리고 사진 찍는 소리가 들리고 다시 찍고 또 찍는데 제 뒷모습을 찍는 건가 싶어서 돌아보니 본인의 모습과 가방의 로고가 잘 보이도록 셀카를 찍으셨습니다.

그곳은 수도권에 있는 임대아파트였습니다.

제가 말씀드리는 것은 이것입니다.

이분이 부자인지 임대아파트 사시는 분이신지 인스타그램에서는 알 수 없습니다. 그런데 인스타그램 사진만 보면 샤넬과 루이비통 가방이 보입니다.

이런 사진을 지속적으로 보게 되면 다들 잘살고 여유로운데 나만 못사는 듯한 상실감이 생기기 때문에 나도 소비가 늘고 소비 경쟁이 시작됩니다.

과거 20년 전에는 경제력이 높지 않은 2030 세대가 워라밸을 이야기하며 해외여행, 나를 위한 명품 선물, 그리고 고급 승용차를 사면 나이 많으신 어른들은 나중에 어쩌려고 저렇게 사치를 부리냐며 좋지 않은 시선으로 보았습니다.

20년 전에는 어른들이 그런 이야기를 하는 것을 들었지만 요즘은 그렇지 않습니다. 이제는 세상이 바뀌어서 많은 사람들의 생각과 생활 패턴이 과거와 달라졌기 때문에 이제는 몇몇 사람의 워라밸이 아닌 현 시대의 사회현상으로 받아들여야 합니다.

우리는 여기서 진지하게 생각해야 합니다.

우리에게 필요한 것은 가방, 시계, 옷 등 물건이 아닙니다.

우리에게 실제로 필요한 것은 '경제적 자유'입니다. 값비싼 물건들이 우리를 경제적 자유로 이끌어주지는 못합니다.

현시대에 많은 사람들이 부자처럼 보이기 위해 가난해지고 있습니다. 부자가 되기 위한 과정은 싫고, 부자처럼 보이는 모습에는 즐거워하고 있습니다.

부자처럼 보이는 모습이 우리를 부유하게 만들어주지 못합니다. 인스타그램을 보며 나만 잘살지 못하는 것 같다는 생각은 하지 않으시면 좋겠습니다. 저는 인스타그램을 하지 않습니다. 다만 가끔 살펴봅니다.

사람들이 무엇을 좋아하고, 무엇을 갖고 싶어 하는지, 무엇에 돈을 쓰는지 살펴봅니다. 그리고 그 회사가 미래가 밝은 기업이라면 그 회사 주식을 삽니다.

인스타그램을 살펴볼 때 예쁜 여자, 몸이 날씬한 여자, 매력 있는 여자, 옷을 잘 입는 여자, 운동으로 건강미가 있는 여자, 수수한 매력이 있는 여자, 그리고 남자 중에서는 잘생기고 스타일 좋은 남자, 운동으로 몸을 잘 가꾼 남자, 옷 잘 입고 자기를 잘 꾸밀 줄 아는 남자 등, 남자든 여자든 눈에 띄는 매력이 있는 사람들이 가장 많이 신는 신발이 나이키였습니다.

그래서 저는 나이키 주식을 소유하고 있습니다.

인스타그램을 보며 나도 소비에 함께 동참하는 것보다 인스타그램에서 사람들이 돈을 많이 소비하는 포인트를 찾아서 그 회사에 투자하는 것이 어떨까요?

사람에 따라 지식이 부족할 수 있고 새로운 것을 찾아 공부하거나 또는 더 나은 삶을 위해 노력하는 것이 태생적으로 힘든 사람이 있을 수 있습니다.

그리고 노력하는 것은 죽어도 싫고 명품들을 보이며 남들에게 잘 보여지고 싶은 허영심만 머리에 가득할 수도 있습니다.

괜찮습니다. 그런 사람은 머리의 지식은 짧더라도 어느 명품이 유행이고 어느 명품을 사야 더 돋보이고 어떤 명품이 상대적으로 낮은 가격에 더 돋보일 수 있고 앞으로 트렌드가 어느 방향으로 흐르는지 누구보다 잘 알 것이고 제가 그것을 알려고 시장 조사하고 노력하는 것보다 훨씬 더 정확하게 잘 아는 전문가일 것입니다.

술이 인생인지 인생이 술인지 구분이 힘든 사람도 있겠죠. 이런 분도 괜찮습니다.

저는 술과 담배를 즐기지 않습니다.

그래서 술에 대해선 아는 게 없습니다.

그런데 술이 인생인지 인생이 술인지 구분이 힘든 사람은 술에 대해선 많은 지식이 있습니다. 사람들이 좋아하는 술이 무엇인지, 지금도 앞으로도 지속적으로 잘 팔리는 술이 무엇인지 알 수 있습니다.

술 이야기가 나오면 웃음이 나오고 술 이야기를 시작하면 몇 시간이 지나도 소재가 끊기지 않을 만큼 술에 대한 지식이 많습니다.

스티브 잡스가 살아 있을 때 이런 말을 했습니다.

"50년 후에도 아이폰이 잘 팔릴지 잘 모르겠는데 모 브랜드 와인은 50년이 지나도 사람들이 좋아할 것 같아."

돈 버는 주식은 따로 있다

이런 말을 했습니다.

술은 입맛이라 한번 길들여진 입맛은 쉽게 바뀌지 않습니다. 장기투자로 매우 적합한 업종이라 생각합니다.

저는 어떤 술이 몇 년산이고 어떤 술이 고급인지 봐도 모릅니다. 먹으면 쓰고 맛없는데 왜 돈 주고 사 먹는지 동의가 안 됩니다.

그런데 술을 좋아하는 사람은 술 맛을 잘 알 것입니다. 이것도 투자에 있어서는 장점입니다. 제가 하지 못하는 투자를 할 수 있는 안목과 능력이죠.

지식이 부족하고 투자에 대해 또는 기업에 대해 잘 모르는데 오직 술만 좋아하는 사람이라도 괜찮습니다. 그 분야에서는 피터 린치보다 훌륭할 수 있으니까요.

이야기가 나온 김에 술 관련 주식을 하나 보겠습니다.

중국의 마오타이주 주식입니다.

20년 동안 투자했다면 수익률이 200배가 되었네요.

제가 술 기업 중 가장 수익률이 좋은 것을 골라서 보여드리는 것은 아닙니다.

제가 아는 술은 마오타이, 돈페리뇽, 헤네시, 모에샹동, 조셉펠프스 이정도입니다. 그런데 대부분 LVMH가 소유한 것들이어서 LVMH가 소유한 술 회사를 제외하면 아는 것이 마오타이 외엔 떠오르는 것이 없습니다.

그럼 앞서 이야기했듯이, 거북이가 토끼를 이기려면 토끼를 물가로 끌고 와야 합니다. 주식시장에 참여할 때 내가 잘 아는 유리한 방향으로 가서 시작하면 무조건 성공할 수 있습니다.

저는 명품 브랜드 이름조차 잘 모르고 술 이름도 잘 모릅니다. 저 같은 사람과 비교하면 앞에 소개한 분들은 명품시장과 술시장을 꿰뚫고 있는 전문가 중의 전문가일 겁니다. 바느질과 소재를 만져보면 가품인지 아닌지 알 수 있을 겁니다.

실제로 시계에 빠져 사는 사람을 만났는데 롤렉스 시계 초침이 돌아가는 소리만 듣고도 진품인지 가품인지 정확히 맞힙니다. 더 나아가서 타인과 악수할 때 시곗줄이 손에 닿으면 그 촉감만으로도 가품인지 진품인지 구분할 수 있습니다.

이런 사람이 친구 따라서 이상한 주식 안 사고 명품에 투자한다면 아주 잘할 겁니다.

주식시장에는 다양한 산업의 기업들이 있고, 내가 모든 기업을 다 잘 알 필요는 없습니다. 내가 허영심이 가득하고 남들보다 더 나은 지식이 머리에 없더라도 내가 유리한 곳에서 경쟁을 하면 충분히 성공투자가 가능합니다.

돈 버는 주식은 따로 있다

주식시장에서는 토끼가 항상 유리한 것도 아니고, 거북이가 항상 불리하기만 한 것도 아닙니다.

4 수익은 길게, 손실은 짧게

개인투자자들은 주식을 매수한 후 10% 수익이 발생하면 기뻐합니다. 이 수익이 사라질까 봐 매 순간 초조해하며 주식 창을 쳐다봅니다.

모든 개인투자자가 다 그런 건 아니지만 많은 개인투자자들이 5~10% 수익 후 주식을 매도합니다.

그런데 주식이 하락했을 때는 길게 가져갑니다. 원금회복을 위해 기다리고 또 기다립니다.

수익은 짧게, 손실은 길게 유지합니다.

이 부분은 우리가 다시 생각해야 합니다.

이 책 처음 부분에서 말씀드렸지만, 투자로 부자가 되는 유일한 방법은 복리수익입니다.

'유능한 투자자 = 복리수익이 가능한 사람'

이렇게 정의하면 될 듯합니다.

누가 알려준 종목 또는 친구 추천, 이렇게 투자해서 성공한다면 몇십 퍼센트 또는 두세 배의 투자수익이 가능할지는 모르겠습니다. 하지만 부자가 되기 위해선 수십 배, 수백 배의 수익이 필요합니다.

유일한 방법은 복리수익입니다. 이외엔 다른 방법이 없습니다.

혹시 주식을 추천해준 친구가 워런 버핏이라면 이야기가 달라지겠죠.

실제로 그런 일이 있었습니다.

어떤 노부부가 살았는데 같은 동네에 30대 젊은 청년 투자자가 살았습니다. 성실하고 돈을 잘 불리기로 소문난 현명한 청년이라고 마을에서 평판이 좋았습니다.

아내는 그 사람 평판이 좋으니 그 사람한테 우리 노후자금을 맡기자고 했지만 남편은 나이가 어리다는 이유로 반대했습니다.

두 노부부는 상의 끝에 결국 30대 젊은 청년에게 돈을 맡겼습니다. 그 결과는 어땠을까요?

그 청년의 이름은 워런 버핏입니다.

2022년 9월 기준 주식 1주당 가격이 5억 원이 넘습니다.

저도 몇 년 전 이 주식에 투자를 고민하다가 제가 직접 투자하는 게 낫다고 판단해서 사지 않았습니다.

투자는 단기간이 아닌 장기간 복리수익을 목표로 이루어져야 합니다.

그렇지 않으면 손실은 길게, 수익은 짧게 가져가는 안타까운 일이 벌어집니다.

우리는 투자를 통해서 경제적 자유를 얻기 위해 투자를 시작했습니다. 수익은 짧게, 손실은 길게 가져간다면 우리는 경제적 자유를 얻을 수 없습니다.

돈 버는 주식은 따로 있다

5 금광을 찾아서

    1800년대 미국 서부 지역에서 금이 발견되었습니다.

    많은 사람들이 동부 지역에서 서부 지역으로 금광을 찾아서 이동했습니다. 서부 지역에 사람이 많이 모였고 마을이 형성되었습니다.

    이 시점을 배경으로 한 영화도 많이 있었죠. 클린트 이스트우드(Clint Eastwood)라는 배우가 서부 영화가 유행하던 시절에 많은 활약을 했습니다.

    많은 사람들이 서부 캘리포니아 지역으로 모여서 금광을 찾기 위해 열심히 일했지만 금광을 찾았다는 사람은 소문으로 몇 명 들어볼 정도지 실제로 금광을 찾은 사람은 찾아보기 어려웠습니다. 결국 금광을 찾는 것을 포기하고 다시 집으로 돌아가는 사람이 대부분이었습니다. 일부는 서부 지역에 남아 터를 잡고 사는 사람도 있었습니다.

    여기서 우리가 역사를 통해 배워야 할 점이 있습니다.

    사람들이 금광을 찾아서 모여들었죠.

    일확천금을 얻기 위해서입니다.

    그런데 앞서 이야기했듯이 금광을 실제로 찾은 사람은 찾기 어렵습니다.

    매우 극소수의 사람만이 일확천금을 얻었습니다.

    그럼 이 시기 소수의 확률을 뚫고 일확천금을 얻은 사람들 말고 현실적으로 돈을 번 사람은 누구일까요?

여관 주인, 식당 주인, 리바이스 청바지, 곡괭이를 파는 사람, 장화를 파는 사람, 이런 사람들입니다.

그 사람들은 금광을 찾아서 헤매지 않고 금광을 찾아 헤매는 사람을 상대로 돈을 벌었습니다.

이런 일이 한 번이 아닙니다.

1600년대 네덜란드에서 튤립 버블이 생겼습니다.

당시 사회 배경을 보면, 동인도회사의 주식이 꾸준히 상승하며 많은 사람들이 투자했습니다. 그런데 동인도회사에 투자하려면 어느 정도 규모 있는 돈이 있어야 했는데 서민들은 동인도회사 주식을 살 돈이 없었습니다.

당시 네덜란드는 무역과 사업이 여러 가지로 잘되던 시기라 시중에 자본이 넘치게 되고 투기자산을 찾아 자본이 이동하기 시작하던 시기였습니다.

하지만 자본이 넘치더라도 그 자본은 사업가나 투자자 등 상위 계층에 있는 사람들의 이야기지 서민들은 항상 돈이 없었습니다. 이런 현상은 1600년대나 지금이나 비슷합니다.

투기자본들이 튤립으로 몰리게 됩니다. 튤립에 버블이 쌓이고 동인도회사 투자보다 초기 자본이 적게 드는 튤립으로 돈이 몰리기 시작합니다.

당시 부자들은 동인도회사에 투자하는 것이 주를 이루었고 그중 일부분은 재미 삼아 튤립에 투자한 경우도 있었지만 대부분의 투자자는 서민들이 주를 이루었습니다.

그런데 세상의 부는 부자와 가난한 자에게 골고루 분배되지 않죠. 역시 튤립 버블이 터지게 됩니다. 많은 사람들이 일확천금을 노리다가 큰 손실을 입게 됩니다.

이때 금광을 찾았던 시대와 비슷한 일이 일어납니다. 튤립을 매매해서 돈을 번 일부의 사람은 존재했습니다.

하지만 당시 현실적으로 돈을 번 사람들은 튤립 꽃받침을 고급스럽게 만들어서 비싸게 판매하던 사람들이었습니다. 튤립가격이 폭등하고 엄청난 가격에 매매가 되니 평소 쓰던 꽃받침이 아니라 고급스럽게 만들어진 꽃받침이 필요했으니까요.

그것을 판매하는 사람들은 넘치는 수요로 인해 많은 돈을 벌었습니다.

이런 일이 역사책에만 나오고 지금은 일어나지 않을까요?

앞에서도 이야기했듯이 역사를 배우는 이유는 중간고사 기말고사 문제를 맞히려는 것이 아니라 같은 실수를 반복하지 않고 현명하게 세상을 살아가기 위한 지혜를 얻기 위해서입니다.

최근에도 비트코인에 투기자본이 몰렸습니다.

부자들이 이런 곳에 돈을 넣을까요? 몇 명은 재미 삼아 조금 넣을 수도 있습니다.

비트코인의 수요는 대부분 부동산을 사기 어려운 2030입니다. 그 대안으로 비트코인을 선택하고 많은 사람들이 몰렸습니다.

저도 식당에서 밥 먹다가 대학생 연인들이 부모님이 보내주신 월세를 비트코인에 넣었다가 30만 원 벌었다고 기뻐하는 연인들도 보았고 제가 일하는 동안 뒤에서 비트코인 시세 확인하느라 스마트폰에 집중하시는 고객님도 여러 명 보았습니다.

지하철에서도 카페에서도 한두 명이 아니라 엄청 많은 사람들이 비트코인에 열광하는 것을 보았습니다. 이런 모습을 보고도 저는 "아… 돈의 흐름이 여기 있구나. 나도 비트코인 해야지." 이렇게 하지 않았습니다.

저는 역사 공부를 했습니다. 그래서 같은 역사를 되풀이하지 않습니다.

사람들이 비트코인에 열광하고 '영끌'하는 모습을 보고 이 현상이 쉽게 꺼지지 않을 거라는 생각을 했습니다.

그 모습을 보고 제가 투자한 곳은 엔비디아(NVIDIA)입니다.

비트코인을 채굴하려면 그래픽카드가 있어야 합니다. 나중에 비트코인이 폭락하든 휴지가 되든 투자자들의 몫이지만 그 과정에서 반드시 필요한 것이 그래픽카드입니다. 그래픽카드 없이는 채굴이 불가능하니까요.

그래픽카드 수요가 넘쳐서 중고나라에서는 중고품이 신품보다 더 비싸게 팔리는 현상까지 나타났습니다.

상황이 이러니 엔비디아의 매출은 어땠을까요?

엔비디아 주식은 하늘을 뚫고 올라갔습니다.

이런 일은 역사책에서만 볼 수 있는 것이 아니라 지금도 일어나고 있습니다. 사람들이 몰려 있으면 그곳은 높은 확률로 돈이 안 됩니다.

제가 비트코인에 투자하지 않는 이유를 이야기하겠습니다.

비트코인이 얼마짜리인지, 비트코인이 자산인지 또는 어디에 쓸 수 있는 건지 몰라서입니다.

돈세탁 이외의 쓰임새를 모르겠습니다.

제가 생각할 때 비트코인을 사는 사람은 누군가 나보다 더 비싸게 살 사람이 있을 것이라고 믿고 사는 겁니다.

돈 버는 주식은 따로 있다

그것을 더 비싸게 산 사람은 나보다 더 비싼 값에 살 사람이 있을 거라 생각하고 사는 겁니다. 더 비싸게 산 사람은 계속 반복적인 이유로 비트코인을 살 겁니다.

그런데 어느 날 비트코인 거래소가 10년간 거래정지가 된다면 모든 비트코인 투자자들은 경악을 할 겁니다. 10년 동안 비트코인이 스스로 커지지도 성장하지도 않고 가만히 내 디지털지갑 안에 있어야 하니까요. 그리고 어느 곳에도 사용이 어렵습니다.

요약하면, 비트코인은 나보다 더 비싸게 사줄 사람이 없으면 어디에도 쓸 곳이 없습니다.

말 그대로 가상화폐입니다. 현실에서 사용하는 진짜 화폐로 가상의 화폐를 사는 것이 이게 무슨 행동일까요?

가상의 화폐를 현실에서 사용 가능한 진짜 화폐로 바꾸어준다면 감사할 일이지만, 현실에서 사용할 수 있는 진짜 화폐를 가상의 화폐와 맞바꾼다는 것은 도저히 이해할 수 있는 일이 아닙니다.

물론 가상화폐를 사는 사람은 "블록체인 기술을 네가 아느냐, 무식한 소리다, 공부 좀 해라, 꼰대다" 등 여러 이야기를 하며 가상화폐를 사는 것이 옳다는 근거를 이야기할 겁니다.

아무리 많은 이유를 이야기해도 가상화폐는 가상의 화폐지 진짜 화폐가 아닙니다.

만약 주식시장이 10년 동안 거래가 정지되어도 저는 크게 동요하지 않습니다.

10년 동안 주식거래가 정지되더라도 나이키는 새로운 신발을 만들 것이고, 그것이 사람들이 선호하는 브랜드임에는 변함이 없을 것이고, 계속 잘 팔릴 겁니다.

10년 동안 주식거래가 정지되어도 테슬라, 애플의 성장과 구글의 확장성은 멈추지 않습니다. 저커버그는 메타버스 시대를 빨리 열기 위해 주식거래가 되든 말든 매일 열심히 일합니다.

10년 동안 주식거래가 정지되어도 사람들은 샴페인과 와인을 마시며 꼬냑을 마십니다. 시계를 구입하기 위해 돈을 모으며 루이비통을 사기 위해 설레는 마음으로 백화점을 찾아갑니다.

주식거래가 정지되어도 이 모든 일은 똑같이 일어납니다. 그래서 동요할 필요가 없습니다.

공인중개사가 10년간 사라진다 해도 살던 집에서 그대로 살 수 있고 보유 중인 건물에서 임대료를 계속 받을 수 있습니다. 10년간 부동산거래가 중지되어도 보유 중인 토지의 면적이 줄어들지도 않습니다.

돈 버는 주식은 따로 있다

6 학력과 투자의 상관관계

투자 관련 상담을 할 때 많은 분들이 좋은 학교를 못 가서 대기업에 못 간 것을 불리한 점으로 생각하시고 이야기하는 경우가 심심치 않게 있습니다.

실제로 학력과 투자 결과와의 상관관계를 살펴보면 학력이 투자에 미치는 영향에 대해 저는 도움이 된다고 생각합니다.

이유는 두 가지입니다.

첫 번째는 월 소득이 상대적으로 많습니다.

두 번째는 기본 지식이 있어서 이야기를 하면 엉뚱한 소리 안 하고 빨리 알아듣습니다.

그런데 저는 학력이 좋지 못하더라도 두 가지 모두 극복할 수 있다고 생각합니다.

실제로 제가 고등학교 때 재적 154명 중 154등이었습니다. 그럼 전교 1등은 서울 내 좋은 대학교에 가는 고등학교였냐고 궁금해하실 수 있는데, 제가 다니던 고등학교 전교 1등이 서울 노원에 있는 인덕대학 소프트웨어 개발과에 갔습니다.

당시에는 2년제 학교였는데 지금은 4년제로 바뀌었는지는 모르겠습니다. 지역에서 공부 못하는 학생만 모아놓은 고등학교에서 전교 꼴찌였으니 제 공부 수준을 아실 겁니다.

학력이 낮으니 현재 청소 일을 하고 있습니다. 그럼에도 지금 돈 때문에 걱정하며 살지는 않습니다.

재테크 책을 쓰는데 보유 자산 몇억 가지고 책을 쓰지는 못할 테니까요.

앞에서 말씀드린 대로 학력이 좋고 대기업에 다니면 유리한 부분은 있지만 충분히 극복할 수 있습니다.

제가 직접 해보고 말씀드리는 것이니 신뢰하셔도 됩니다.

첫 번째, 소득이 상대적으로 적은 부분은 일과 후 배달을 하거나 대리운전을 해서 채우면 되는 부분입니다.

대기업을 다니면 소득이 상대적으로 많기 때문에 투자하는 금액에 대해서 유리합니다. 그러면 대기업 다니는 사람이 아니라서 상대적으로 소득이 작다면 술 담배 안 하고, 스타벅스 안 가고, 루이비통 안 사고, 편의점 안 가고, 해외여행 안 가고, 인스타그램 안 하면 됩니다. 소확행, 워라밸을 포기하면 소득이 적은 것은 문제 되지 않습니다. 소확행과 안정적인 노후 준비 둘 다 얻을 수는 없으니까요. 선택이란 둘 중 하나를 포기하는 것을 선택이라고 합니다. 돈을 적게 쓰면 오히려 대기업 다니는 사람보다 돈이 더 빨리 모일 겁니다. 학력이 좋은 사람은 많은 시간과 노력을 투자해서 얻은 결과이니 우리는 다른 방향으로 노력해서 채워 넣으면 됩니다. 정주영 회장님께서 살아계실 때 하셨던 말씀이, 부자가 되는 지름길은 버는 것보다 적게 쓰는 게 지름길이라고 하셨습니다.

두 번째는 지식이 부족한 부분입니다. 이것 또한 문제 삼을 필요 없다

돈 버는 주식은 따로 있다

고 생각합니다.

이미 이 책에서 어떤 기업에 투자해야 장기적인 복리수익을 얻을 수 있는지 종목까지 찍어서 이야기해드리고 있습니다.

그리고 중요한 사실 하나 이야기하겠습니다.

장기적인 복리수익을 얻을 수 있는 사람은 지식이 많고 명문대 졸업 후 대기업에 다니는 사람이 아니라 좋은 주식을 장기간 소유한 사람이 돈을 버는 겁니다.

이 부분이 가장 중요한 부분입니다.

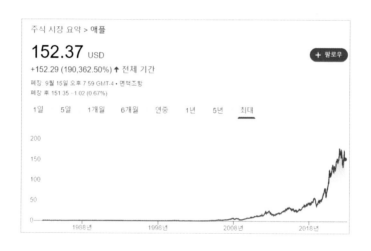

위 차트는 애플입니다. 서울대, 하버드를 졸업한 사람보다 애플처럼 장기성장 가능한 주식을 장기보유해서 복리수익을 얻는 것이 부자 되는 데 훨씬 빠르고 유리합니다. 애플에 취업을 하려면 엄청난 스펙을 가진 사람이 시험을 봐야 하지만 애플의 주주가 되는 것은 시험을 보지 않습니다.

재미있지 않나요?

그 회사 직원이 되기 위해서는 엄청난 노력과 운이 따라야 하지만 그 회사 주인이 되는 것은 누구나 할 수 있다는 겁니다.

학력이 좋지 않아서, 대기업만큼 월급을 많이 못 받아서 이런 이유로 위축될 필요 없습니다.

세상이 기울어진 운동장이라고 생각하는 분도 계실 겁니다. 정치인들, 재벌들을 보면 어느 정도 맞는 말이라고 생각합니다.

하지만 꼭 그렇지만은 않습니다. 너무 높은 곳에 가서 보면 기울어진 부분이 분명 있습니다만 우리가 사는 세상과 다른 세상 사람들이니 기운 빠지고 기분 나쁜 것은 사실이지만 현실에서 실질적으로 우리에게 큰 영향을 미치진 않습니다.

사람들이 누군가를 부자라고 생각하는 경우는, 보통 100억 정도 자산이 있다면 부자라고 생각할 것입니다. 그런데 우리가 생각하는 100억 부자라 할지라도 2세로 넘어가면 이야기가 달라집니다.

100억 자산가가 자녀가 두 명이라 가정한다면 상속세를 상속자산의 50% 정도 납부해야 합니다. 그리고 한국의 특징상 자산의 대부분이 부동산이라 부동산 처분 시 각종 수수료와 세금이 별도로 발생합니다. 부동산 매각한 뒤에 세금 납부 후 두 명의 자녀에게 자산이 돌아가는 것은 부동산의 종류와 경우에 따라 다르지만 대략 20억 전후로 예상할 수 있습니다.

그만큼 부동산은 세금이 많이 나옵니다.

상속세 피하는 것은 포기해야 합니다. 예전에는 상속세 탈세가 빈번했지만 지금은 옛날 같지 않습니다.

제 지인들 중에서도 상속, 증여세 안 내려고 머리 쓰다가 걸린 사람이 한둘이 아닙니다.

돈 버는 주식은 따로 있다

국세청에서 인력을 동원해서 탈세를 잡아내는 것이 아닙니다. 부동산 등기가 이루어질 때마다 모든 거래가 국세청 전산에 등록이 되고 모니터에 올라옵니다. 옛날처럼 찾아다니며 잡는 것이 아닙니다. 책상에 앉아서 모니터만 쳐다보고 있으면 실시간으로 다 나옵니다.

그럼 국세청에서 상속 증여신고 안 한 사람에게 바로 세금을 부과할 것 같죠?

그렇지 않습니다. 몇 년을 기다립니다. 그리고 어느 날 조용히 국세청에서 종이 한 장이 우편을 통해 배달됩니다.

시간이 지나서 자료 소명이 어렵기 때문에 상속 당시의 자산가격이 아닌, 이미 상승한 자산의 가격을 근거로 세금을 부과합니다.

그리고 불법 상속 증여 신고하면 포상금도 받습니다.

세금은 소멸시효가 없습니다. 죽을 때까지 세금에서 자유로울 수 없습니다.

옛날처럼 상속 증여가 만만하지 않습니다. 그럼에도 현실을 모르고 국세청을 피할 수 있다고 착각하는 어리석은 사람들이 세상에는 너무나 많습니다.

세상 돌아가는 것을 알고 현실을 아는 사람은 자녀가 어릴 때 일찍 증여세를 합법적으로 납부하고 증여를 해줍니다.

국세청을 피할 수 없다는 것과 세금의 무서움을 알기 때문에 저도 아이들이 어릴 때 부동산 증여를 시작했습니다.

이렇게 상속 증여세를 납부하면 1인당 약 20억 정도의 돈이 2세에게 내려옵니다. 서울에 실거주할 중간 수준 아파트 구입 후 약 10억 원 내외의 현금을 보유하고 있는 수준입니다.

상속받은 자녀가 저 같은 사람이라면 물 만난 물고기처럼 상속되기 전부터 미리 자산구축을 어떻게 할 것인지 치밀하게 포트폴리오를 짜고 상속과 동시에 바로 움직이겠지만 저 같은 사람은 많지 않습니다.

거의 대부분의 사람들이 이 정도 돈이 생기면 벤츠를 사고 해외여행 먼저 갑니다. 가방도 사야겠죠.

따라서 이 정도 경제 수준이면 일 안 하고 편하게 못 삽니다. 20억 자산이 있어도 직장을 다니며 일을 해야 하고 일 안 하면 길지 않은 시간 내에 자산이 금방 쪼그라듭니다.

세상이 정확하게 동그랗지는 않지만, 현재 창업 세대에서 시가총액 10위 안에 들어가는 기업의 오너가 계속 나오고 있으니 너무 기울어졌다고 위축되지 말고 우리도 하나씩 이루어나가면 20억 정도는 누구나 가능합니다.

관건은 누가 종잣돈 1억 원을 빨리 만드느냐, 그리고 누가 복리수익에 먼저 진입하느냐.

이 두 가지만 이루면 20억은 시간문제입니다.

돈 버는 주식은 따로 있다

CHAPTER 6.

노력 없이
서울대학교 못 가지만
노력 없이
노후 준비 가능하다

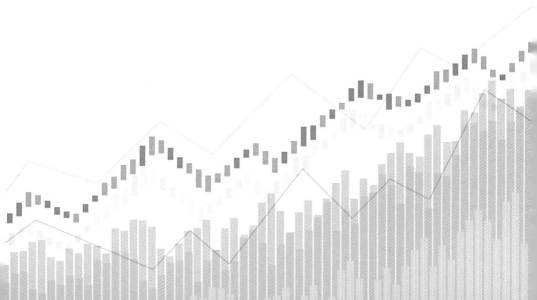

1 이 정도면 거의 반칙, S&P500

서울대학교에 가려면 엄청난 노력을 해야 합니다.

노력을 많이 해도 안 되는 경우도 많습니다. 시험 당일, 특히 수학시험 시간에 '그분'이 오시지 않으면 노력을 많이 했어도 좋지 않은 결과를 받아들여야 하는 경우가 있습니다.

저는 여러 집을 다니며 청소를 하다 보니 많은 사람을 만나게 됩니다.

강남권에 사는 고등학생이 원하는 학교에 가기 위해 고생하는 모습도 자주 보게 되고 어떤 경우엔 밥을 먹으면서 강의를 듣고 책을 한 손에 쥐고 밥을 먹는 것도 자주 목격합니다. 그런 모습을 보면 "저렇게 노력하면 서울대는 당연히 갈 것 같고 무슨 일을 하든지 성공할 수 있겠다." 이런 생각이 듭니다.

어떤 학생이 공부는 하기 싫은데 서울대학교 가는 방법이 있냐고 선생님한테 물으면 혼날 겁니다.

노력 없이 얻을 수 있는 건 없다고 우리는 배웠고 그 말이 모든 부분에 사실이라고 배웠습니다. 그런데 그 말이 적용되지 않는 경우가 주식시장입니다.

믿으실지 모르겠지만 상위권에 속해 있는 유능한 펀드매니저만큼의 수익을 노력 없이 얻을 수 있습니다.

돈 버는 주식은 따로 있다

이런 일이 어떻게 가능하냐고 되물을 수 있지만 안 믿으셔도 사실이 거짓이 되진 않습니다.

대신 종잣돈은 마련된 상태여야 합니다.

종잣돈이 마련된 상태라면, 어느 곳에 투자해야 하는지만 정확히 알면 돈 버는 일은 하나도 어렵지 않습니다.

결국 '종잣돈 만들기 + 투자 대상 선정' 이게 전부라는 것은 모두 동의하실 겁니다.

그럼 실패 확률 없는, 100% 성공하는 곳에 투자하면 되겠죠.

이런 말 하면 사기꾼이라 오해가 생길 수 있지만 그런 곳이 있습니다.

여기에 투자하면 됩니다.

워런 버핏 회장님께서 1942년도 11살 때 주식투자를 처음 시작했습니다. 당시 버핏 어린이는 114.75달러의 종잣돈이 있었고 이 돈으로 시티즈서비스 주식을 매수합니다.

당시 시티즈서비스 주식을 매수하지 않고 위의 그림처럼 S&P500에 투자했다면 현재까지 연평균 12%의 수익을 얻었고 총 금액은 40만 달러가 넘습니다.

오늘 내일 가격은 못 맞히지만 일정 기간 유지하시면 수익이 발생할 수밖에 없는 구조입니다.

제가 좋아하는 투자자 중 존 네프(John Neff)라는 투자자가 있습니다.

존 네프는 윈저펀드를 운용했는데 1964년부터 1995년까지 약 30년 동안 연평균 13%의 수익을 얻었습니다. 30년 동안 연평균 13% 수익이면 월스트리트의 전설이라는 표현이 적절합니다.

같은 기간 S&P500에 투자했다면 약 11% 정도 수익을 얻을 수 있었습니다.

앞에서 나열한 두 비교는 합리적이지 않습니다.

존 네프는 당시 현존하던 최고의 투자자이며 월스트리트의 전설 중 한 명인데, S&P500은 돈을 넣어놓고 아무것도 하지 않고 가만히 있는 투자입니다.

그런데 수익률은 연 2% 정도 차이입니다. 이 정도면 거의 반칙이라 해도 될 듯합니다.

S&P500에 투자했다면 존 네프보다 단 연 2% 적게 얻어가는 것입니다. 즉, 존 네프보다 2% 적게 얻으면 S&P500입니다.

돈 버는 주식은 따로 있다

존 네프 같은 펀드매니저는 100년을 놓고 보았을 때 몇 안 되는 영웅이
자 천재 투자자입니다.

S&P500이 얼마나 큰 수익인지 짐작이 되실 겁니다.

앞에서 말씀드렸듯이 여기에 투자한 후 아무것도 안 하고 집에서 잠자
고 게임하고 여행 다니며 놀아도 됩니다. 공부 안 해도 되고 아무 노력도
하지 않고 가만히 있으면 되는 투자인데 그 결과가 역사에 기록된 월스트
리트 최고의 펀드매니저보다 단지 2% 적게 가져가는 것입니다.

지표상으로는 2%지만 실제 차이는 더 적습니다.

이유는, 펀드매니저가 운용하는 펀드를 액티브펀드라고 부르는데 여기
에는 수수료가 적지 않습니다. 따라서 수수료를 제외하고 실제 수익을 비
교한다면 그 차이가 2%보다 조금 적을 것으로 예상됩니다.

2 현명한 투자처

사람들이 저에게 자주 하는 질문 중 하나가, 왜 S&P500에 투자하지 않느냐는 것입니다.

저는 제가 제 자산을 직접 운용하는 것이 S&P500에 투자하는 것보다 수익이 낫기 때문에 저는 제가 직접 기업을 선정해서 투자하지만 모든 사람이 저 같을 수는 없습니다.

그래서 투자를 통해 노후 준비를 해야 한다는 것을 잘 알지만 비즈니스 구조와 기업분석을 잘하지 못하는 사람에게 S&P500은 현명한 투자처입니다.

지금 글을 쓰는 시점은 2022년 9월이라 아직 2022년도 통계를 낼 수 없어서 2022년도의 제 수익률은 알 수 없지만 2021년도 기준으로는 36%였고 2020년에는 28%였습니다.

2022년도에는 주식시장이 하락장이라 수익률이 좋지 못할 것으로 예상됩니다.

작년 S&P500 상승률은 25%였습니다. 시장 수익률보다 제가 더 큰 수익을 얻기 때문에 저는 S&P500에 투자할 이유가 없습니다.

여기서 한 가지 오해가 될 수 있는 부분이 있어서 말씀드립니다. 제가 존 네프보다 수익률이 높다고 해서 제가 더 뛰어난 투자자라는 자화자찬이 될 수 있는데 그것은 절대 아닙니다.

돈 버는 주식은 따로 있다

존 네프 시절에는 인터넷이 없었고 스마트폰이 없었습니다.

한국에서는 미제 물건이 귀하고 미제라는 말을 들으면 너도나도 탐내고 심지어 훔쳐 가던 시절이었습니다.

당시에는 인터넷이 없던 시절이라 기업이 확장하는 데 제한이 많고 시간이 오래 걸렸습니다. 그래서 기업이 성장하는 것이 지금처럼 쉽고 빠르지 않았습니다.

또 당시에는 제조업 기반의 사업이 주를 이루던 시기라서 제조업이 확장을 하려면 각 나라에 토지를 매입하고 설비공사를 하고 제품을 생산해서 판매해야 하는데 그 시간이 짧지 않고 많은 자본도 필요했습니다.

그런 환경에서 기업을 찾고 투자했던 시절이라 당시 존 네프의 수익률과 제 수익률을 동등하게 비교할 수는 없습니다.

지금은 인터넷과 각종 결제 시스템이 발달해서 아마존, 알리바바, 쇼피파이를 통해 해외 물건을 결제하여 구매하는 것이 쉽고 자유롭습니다.

이 말은 사람들의 소비가 쉽고, 사고 싶은 물건이 많아져서 과거보다 소비가 많아졌다는 의미이고, 그로 인해 과거보다 종잣돈 모으는 것이 더 힘들어졌다는 말입니다.

그런데 이 말을 또 다르게 해석하면 내가 종잣돈을 모으기 힘든 만큼 다른 사람들도 소비 욕구가 강하다는 말이고, 그 말은 기업의 이익이 과거보다 빠르게 증가하고 있다는 말입니다.

결정적으로 가장 중요한 것은 이러한 이유로 내가 소비를 절제하면 과거보다 돈 벌기 더 쉬워졌다는 의미입니다.

각 증권사 펀드 수익률을 볼 때 1년 단기간 수익률은 운이 잘 따라서 S&P500보다 높은 수익률을 기록 중인 펀드도 있지만 3년, 5년 평균 수익률을 보면 상위 10% 내 유능한 펀드매니저가 아니면 S&P500 수익률을 따라가지 못합니다.

뿐만 아니라 앞서 말씀드렸듯이 펀드매니저가 운용하는 펀드는 비용이 적지 않게 발생합니다. 100만 원을 투자하면 100만 원 전부 투자되는 것이 아니라 비용을 빼고 투자가 이루어집니다. 그리고 매매할 때마다 수수료가 생깁니다.

그런데 S&P500은 펀드매니저가 없이 운용되는 펀드라서 운용수수료가 상대적으로 적고 이 작은 차이가 장기적으로 큰 수익률의 차이를 보여줍니다.

나는 자본주의의 무서움을 잘 알고 노후 빈곤이 얼마나 비극적인 것인지 누구보다 잘 알기에 젊어서부터 성실하게 노후 준비를 해야 한다는 것을 일찍 깨달았지만 어느 곳에 투자해야 할지 그 부분에 대해서는 능력이 따라주지 못해서 고민이신 분이라면, 제가 아는 범위 내에서는 S&P500보다 더 나은 투자처는 없습니다.

워런 버핏 회장님도 아내에게 내가 죽으면 S&P500에 투자하라고 이야기했습니다.

① 유능한 펀드매니저만큼의 수익률을 얻고 싶지만 투자할 대상을 찾는 능력이 부족한 사람
② 기업에 대해 공부하는 것은 귀찮고 하기 싫은데 장기적으로 복리 수익을 얻고 싶은 사람

돈 버는 주식은 따로 있다

③ 이미 종잣돈이 마련된 사람인데 모험을 하는 것이 싫고 실수 없이
안정적으로 장기적인 수익률을 원하는 사람

이런 분들에게 S&P500은 최고의 선택이라고 생각합니다.

CHAPTER 7.

돈 버는 주식은
따로 있다

주식은 로또가 아니다

초등학교 때 선생님께서 네잎크로버는 행운을 상징한다며 네잎크로버의 유래에 대해 이야기해준 적이 있습니다.

어릴 때 ADHD가 있어서 선생님이 하시는 말씀을 안 듣고 딴짓하는 경우가 많았는데도 신기하게 네잎크로버 이야기는 선명하게 기억이 났습니다.

네잎크로버가 왜 행운을 의미하는지 아는 사람 있냐고 묻고, 누가 손을 들고 대답했는지, 그 대답이 무엇이었는지도 기억나고 그 친구 이름도 기억나며 그 친구 대답이 틀린 것도 기억납니다. 그다음으로 누가 손을 들고 이야기했는지, 어떤 대답을 했는지, 누가 정확히 맞혔는지도 기억나고 그 당시 상황도 또렷이 기억이 납니다.

그 말을 듣고 크로버 잎이 무성한 곳에 앉아서 네잎크로버를 찾는 사람들을 가끔 보았습니다.

네잎크로버를 들은 적은 있지만 실제로 본 적이 없어서 저도 실제로 보고 싶은 마음에 여러 번 찾은 적이 있었고 실제로 찾아서 신기했던 기억이 있습니다.

크로버가 피어 있는 곳에 앉아 있는 사람은 네잎크로버를 찾기 위해 앉아 있다고 이야기해도 거의 맞을 겁니다.

세잎크로버를 위해 앉아 있는 사람은 못 봤으니까요.

그런데 특이한 점이 있습니다.

네잎크로버의 의미는 행운인데 세잎크로버의 의미는 행복이라고 합니다.

사람들은 셀 수 없이 많은 행복을 발아래 두고 행운을 찾으려 노력한다는 것입니다.

주식시장에서도 비슷한 일이 반복됩니다.

우리가 생활하면서 찾는 물건들은 누구나 필요로 하는 평범한 물건들이고 그런 물건들을 잘 만드는 기업이 장기성장합니다.

이 책 첫 부분에서 말씀드렸듯이 우리 생활에 그런 기업들은 많이 있습니다.

우리가 카드 명세서 또는 꾸준히 지출하는 영수증을 보면 생활에 꼭 필요한 물건들은 이미 정해져 있고 그 물건을 만드는 기업들도 이미 다 알고 있습니다. 또 평소 사용하던 물건을 계속 사용하며 내가 알게 모르게 재구매가 계속 이루어집니다.

저부터도 칫솔은 오랄비를 쓰고 세안 비누는 뉴트로지나를 사용합니다. 과자는 프링글스 오리지널과 양파 맛을 주로 먹습니다. 가끔 치토스를 먹을 때도 있습니다. 당분이 많은 음료는 즐기는 편이 아니라서 음료를 자주 사 먹지는 않지만 평소 씨그램 탄산수와 여름에 일을 무리하게 해서 체력이 떨어질 때는 게토레이 레몬 맛을 주로 먹습니다.

독자님들도 대부분 저와 비슷한 경험이 있으실 겁니다.

우리가 평소 큰 생각할 필요 없이 꼭 소비해야 하는 필수 소비재들은 주로 쓰던 물건들을 반복해서 사용합니다.

이런 기업들은 책상에 앉아서 또는 거실에서 주위를 둘러봐도 얼마든지 찾을 수 있습니다. 냉장고를 열어봐도 얼마든지 찾을 수 있고 욕실에 들어가봐도 쉽게 찾을 수 있습니다.

그럼에도 사람들은 주식시장에서 행운을 찾습니다.

'어떤 기업이 연구 중인 프로젝트가 성공하면 몇 배가 오를 것이다.'

'어떤 기업이 자회사를 분할해서 상장시키면 그 주식이 크게 오를 것이다.'

'어떤 기업이 인수할 예정인 기업의 주식을 사면 최소 두 배는 먹을 수 있다.'

'어떤 기업이 임상 중인 신약이 성공하면 세계시장을 장악할 거다.'

이런 희망회로를 돌립니다.

연구 중인 프로젝트가 성공할지 실패할지는 해봐야 알 수 있습니다.

신규 상장 기업의 주가가 계속 하락할지 상승할지도 상장을 해봐야 알 수 있죠.

인수합병 루머가 사실인지 아닌지도 모르지만 인수합병 후 주가가 떨어지는 경우도 있습니다.

100개의 신약이 연구되고 있다고 하면 그중 3상까지 성공해서 약으로 출시되는 경우는 1개 정도입니다.

누구 마음대로 몇 배가 오르고 누구 마음대로 대박이 날까요?

사람들은 주식시장에서 거래되는 주식을 카지노에서 거래되는 칩처럼 베팅을 합니다.

우리에게는 주식의 이름과 주식의 가격이 가장 먼저 보입니다. 주식은 로또가 아닙니다. 카지노에서 거래되는 칩은 더더욱 아닙니다.

주식의 이름과 가격 뒤에는 기업이 있습니다.

그 기업에 투자하는 것이지 내일의 숫자를 맞히는 도박이 아닙니다.

행운을 바라고 사는 복권도 아닙니다.

대부분의 시장 참여자들이 내일의 가격을 맞히는 게임을 하며 복권을 사듯 주식을 매매하기 때문에 손실이 발생하고 그런 사람들이 대부분이라서 주식은 하면 안 되는 것이고 주식은 패가망신의 지름길이고 주식은 도박이라고 이야기합니다.

최근 지인 중 한 명이 우회상장으로 캐나다 주식시장에 어떤 기업이 상장될 예정인데 미리 주식을 사두면 다섯 배는 수익을 얻을 수 있다고 합니다.

저는 조금도 관심을 두지 않습니다.

누구 마음대로 다섯 배 수익이고 미래에 다녀와보지도 않았으면서 다섯 배는 누가 정하는지도 모르겠지만 내일 이 주식가격이 얼마가 될지 맞히는 게임에는 관심을 두지 않습니다.

그런 주식을 살 돈이 있다면 저는 조금도 망설이지 않고 루이비통과 나이키 주식을 더 살 겁니다.

우리 주위에 큰 위험 없이 꾸준히 성장하는 기업들이 너무나 많습니다. 실제로 성장하는 좋은 기업들을 옆에 두고 카지노에서 베팅을 하듯 행운을 쫓아서 어떤 주식을 사야 두 배가 될지 헤매지 않았으면 좋겠습니다.

정말 운이 따라서 두 배가 되었다고 가정하겠습니다.

그래서 1억을 넣고 2억이 되었습니다.

그다음은 무엇을 해야 할까요?

또 행운을 찾아서 여기저기 기웃거릴 겁니다.

정상적인 투자는 배우지 못했으니 할 수 있는 것이 행운을 좇는 것 외엔 없으니까요. 머릿속으로는 이번엔 2억이 4억이 될 것을 기대하며 움직입니다.

그래서 2억이 4억 되고, 4억이 8억 되고, 8억이 16억이 되고, 머지않아 직장을 그만두고 BMW를 타며 루이비통 가방을 들고 해외여행 갈 생각을 합니다.

누구 마음대로 그렇게 될까요?

주식시장이 생각만큼 만만하지 않습니다.

실제로 경험했던 일입니다.

지금으로부터 약 12년 전 제가 하던 일이 있었는데, 자동차를 여기저기로 보내야 하는 일이 많아서 차량을 대신 운전해주는 탁송기사님을 자주 불렀습니다.

대리운전이랑 비슷하다고 생각하면 될 겁니다. 밤에 아르바이트식으로 하는 분 말고 전문적으로 대리운전을 하시는 분은 주로 낮에는 탁송기사를 하고 저녁에는 대리운전을 하니까요.

나이가 지긋하신 분이 기사생활을 하셨는데 하는 행동이나 말할 때 쓰는 단어, 손님을 대하는 모습이나 어딜 봐도 탁송기사라는 일이 잘 안 어울리는 분이었습니다.

출발하기 전에 길이 몇 개가 있는데 어느 쪽으로 가는 것이 좋을지부터, 작은 일에도 세밀하게 신경 쓰는 모습도 어딘가 달랐습니다.

지금은 어떤지 모르겠지만 당시에는 술 먹고 펑크 내고 약속 시간 안 지키고 두 시간 늦게 와서 자동차 어디 있냐고 묻는 사람도 있고 입에서 술 냄새 나서 돌려보내는 경우도 있고 탁송비용을 제가 지불했는데 손님

돈 버는 주식은 따로 있다

한테 또 달라고 했다가 걸리는 경우도 빈번했던 것을 생각하면, 그분에게는 이 일이 어울리지 않았습니다.

어느 날 제가 식당에 모시고 가서 설렁탕을 같이 먹었습니다. 이야기를 나눠보니 서울 모 대학교 경제학과 교수님이셨다고 합니다.

지인이 증권사에 다니는데 크게 오를 주식이 있다고 해서 돈을 넣었는데 손실이 생기고 그것을 만회하기 위해 또 다른 정보를 듣고 다시 돈을 넣었다가 더 큰 손실이 생겼다고 합니다.

그러다가 돈이 거의 바닥났을 때 한 종목이 잘 맞아서 크게 수익이 생겼지만 이미 투자금이 거의 소진된 상태라 적은 돈을 넣어 크게 수익을 얻어도 손해를 만회하려면 부족해서 다음번 정보를 들었을 때는 대출을 받아서 밀어 넣었는데 이것이 잘되지 않았다고 합니다.

대출에 또 대출을 일으키고 액수가 커져서 결국엔 학교를 그만두었다고 합니다. 주식시장에서 행운을 바라고 돈을 넣으면 이렇게 되는 경우가 많습니다.

얼마 후 다른 직장을 구하셨다며 일을 그만두셨습니다. 지금은 연락이 끊겨서 잘 지내시는지 모르지만 당시 20대 후반이었던 저에게는 큰 충격이었습니다.

주식시장에서 탐욕을 부리면 무서운 결과를 받아들여야 한다는 것이 20대 나이에 큰 교훈이 되었습니다.

이번 장의 이야기는 이미 이 책 첫 부분에 서술한 내용과 비슷하지만 투자자가 머리에 새겨야 할 기초 중 가장 중요한 부분이라 다시 한번 강조하기 위해 반복해서 말씀드립니다.

투자는 네잎크로버를 찾는 것이 아니고 카지노에서 돈을 따기 위해 칩을 거래하듯 기업에 베팅하는 것도 아닙니다. 우리 노후를 위해 장기간 지속적으로 복리수익을 얻을 수 있는 기업에 투자하는 것입니다.

장기간 복리수익을 얻는 것은 많은 시간을 투자해야 하는 일이라 따분하고 지겨울 수 있습니다. 투자는 다이나믹하고 스릴 넘치는 게임이 아닙니다. 원래 따분하고 지겨운 일입니다.

우리가 토지를 사서 또는 아파트를 사서 보유하는 기간에 흥분되고 짜릿하고 전율이 느껴지나요?

"아, 내가 아파트를 샀으니 등기권리증을 복사해서 자동차 앞 유리에 붙이고 다녀야지. 등기권리증을 볼 때마다 즐겁고 신나는구나."

"내가 땅을 샀는데 그 땅을 밟으니까 고스트를 출동시켜 프로토스 본진에 핵을 터뜨리는 것보다 더 짜릿하고 즐겁다."

이런 사람은 없을 겁니다.

내가 부동산을 소유하는 기간 동안 무언가 흥분이나 짜릿함을 원해서 사는 사람은 없으니까요.

주식은 자산입니다.

부동산도 자산입니다.

둘 다 자산이고 주식이든 부동산이든 같은 개념입니다.

그런데 무언가가 우리 뇌를 자극해서 주식은 도박 또는 게임인 것처럼 속이고 있습니다.

여기에 속아서는 안 됩니다.

2 주식을 사는 순간
대부분 결과가 정해진다

이 책에서 가장 관심을 가질 만한 대목이 이 부분일 듯합니다. 어떤 주식을 사야 돈을 잃지 않고 장기적인 수익을 얻을 수 있는지, 현실적인 기업의 이름들을 이야기하겠습니다.

앞에 이미 언급했던 애플, ASML, TSMC, 펩시코, 존슨앤존슨, P&G, 마이크로소프트, 나이키 등 경쟁력 있는 좋은 기업들은 중복 설명을 피하기 위해 빼고 이야기하겠습니다.

주식 전문가라 불리는 사람들에게 가장 부담스러운 부분이 종목에 대한 이야기입니다. 좋은 기업이라고 이야기했는데 혹시 주가가 떨어지면 큰 부담이 되기 때문입니다.

그런데 저는 크게 부담을 느끼지 않습니다.

저는 유명인이 아니라서 잃어버릴 명성이 없고 청소하는 노동자라서 제 말에 큰 힘이나 파급력이 있지도 않지만, 그보다 더 중요한 것은 돈 버는 기업은 사실 정해져 있고 몇 개월 또는 1~2년은 주식가격을 알 수 없지만, 어느 정도 기간을 두고 이야기하면 어렵지 않게 수익을 얻을 수 있기 때문입니다.

물론 제가 이야기하는 기업 외에 제가 모르는 새로운 기업이 생겨서 시장을 장악할 수도 있지만 그런 기업은 100개 중 하나 또는 1,000개 중 하나의 기업이 생기는 겁니다. 확률이 낮고 큰 홈런을 치는 투자는 할 이유가 없다고 생각합니다.

이 책 첫 부분에서 '하이 리스크 하이 리턴'이라는 말이 주식시장에서는 틀리다고 말씀드렸듯이, 걱정 없이 안전하게 장기적으로 큰 수익을 얻을 수 있는 기업들을 주위에서 어렵지 않게 찾을 수 있는데 하이 리스크 하이 리턴을 좇아서 고집부리며 모험을 할 이유는 없으니까요.

나이키는 거의 모든 사람이 이해하는 데 어려움이 없는 기업이지만, 나이키 광고를 보면 누구나 더 쉽게 받아들일 수 있을거라 생각되어 나이키 광고를 잠시 보여드리겠습니다.

싸구려 브랜드인가? NO.
그럼 너무 비싼가? NO.
그럼 패피는 꺼리나? NO.
아무나 다 신나? YES.
전통이 있나? YES.
그럼 올드한가? NO.
예쁜가? YES.
그럼 기능이 별로인가? NO.
평범한가? YES.
비범한가? YES.
어른용인가? YES.
아이용인가? YES.

남자용인가? YES.

여자용인가? YES.

아니, 그런 브랜드가 세상에 어딨나? JUST DO IT.

나이키 광고입니다.

스포츠 브랜드들은 월드컵 시즌에는 FIFA에 후원금을 내고 월드컵 관련 광고를 합니다. 후원금을 내지 않으면 월드컵 관련 광고를 할 수 없습니다.

그런데 나이키는 후원금을 내지 않습니다.

자신감이 있어서입니다.

각 국가대표 유니폼을 지원하고 있는데 월드컵에서 두각을 나타내는 국가는 대부분 나이키 축구 유니폼을 입습니다. 과거에는 아디다스가 축구의 상징이었는데 이제는 나이키가 축구시장도 장악하고 있습니다.

아디다스 농구화는 우리 머릿속에 부자연스러움이 느껴지지만 나이키 축구화는 이질감이 없습니다.

대부분의 국가는 나이키 유니폼을 입지만 영국은 거절했습니다. 자국 브랜드인 UMBRO가 있으니까요.

그래서 나이키는 UMBRO를 인수해버립니다.

그럼 결국 영국도 나이키에서 벗어나지 못하니까요.

또 신발시장에서 몇 년 전 캐주얼 신발이 유행하면서 CONVERSE가 잠시 점유율이 높았던 적이 있습니다. 나이키에서는 자라나는 싹을 자르기 위해서 CONVERSE를 인수해버렸습니다.

사람들은 나이키는 이미 다 성장해서 더 성장하기 어렵다고 생각해서 미래의 나이키를 찾으려 노력하지만 의미 없는 행동입니다. 나이키에 대적할 신생 기업이 생긴다면 나이키가 먹어버리거나 쓰러뜨릴 겁니다.

이처럼 나이키는 과거보다 성장해서 투자 매력이 떨어진 것이 아니라 오히려 더 힘이 강해져서 성장 동력이 커졌습니다.

나이키는 한정판 운동화 출시로 유명한데, 리셀시장에서 수십 배 더 비싼 가격으로 팔립니다.

그중 나이키가 마이클 조던과 협업해서 출시한 조던1 시카고 운동화는 1985년부터 출시되었는데 1985년도에 출시한 제품은 리셀시장에서 8,000만 원에 거래되었습니다. 그리고 몇 차례 추가 생산 후 재출시했는데 마찬가지로 리셀시장에서 가격이 수십 배씩 뛰어올랐습니다. 그동안 나이키의 브랜드가치가 많이 뛰어 올랐다는 증거입니다.

그래서 나이키는 이제 그동안 쌓아올린 브랜드가치를 돈으로 바꾸기 시작했습니다. 그동안 인기를 끌었던 한정판 신발을 대량생산해서 비싼 값에 풀기 시작했습니다.

지금부터 돈 쓸어 담기 시작하는 겁니다.

나이키 운동화를 사야 할까요? 나이키 주식을 사야 할까요?

이 정도면 투자해야 할 이유로서 충분해 보입니다.

첫 번째 기업은 루이비통입니다.

몇 년 전 워런 버핏 회장님께서 방송에 출연하셔서 질문을 받았습니다.

"회장님께서는 평생 장기투자를 외치셨는데 현재 젊은 사람들에게 향후 50년 이상 꾸준히 성장할 만한 산업에 대해 조언 부탁드립니다."

워런 버핏 회장님은 간단하게 이야기했습니다.

돈 버는 주식은 따로 있다

"인간의 어리석음."

인간의 어리석음은 50년이 지나도 바뀌지 않을 거라는 이야기입니다.

저도 같은 생각입니다.

술이 몸에 좋지 않다는 것을 모르는 사람이 없지만 사람들은 술을 즐깁니다.

담배도 좋지 않다는 것을 모르는 사람이 없습니다.

의사 중에도 술과 담배를 자주 즐기는 사람을 보았습니다.

과식을 자주 하고 단 것을 좋아하면 당뇨에 걸릴 확률이 높다는 것도 모든 사람이 알고 있습니다.

운전할 때 내가 하는 행동이 타인에게 피해를 주고 불편함을 줄 뿐 아니라 교통 흐름을 망가뜨린다는 것을 알면서도 내 마음대로 주차하고 내 마음대로 신호 어기며 이기적인 행동을 하는 운전자도 많이 보았습니다.

편의점에 들어가서 냉장고 문을 열면 여러 음료들이 있습니다. 그중 어느 것 하나 먹어서 좋을 것들이 없습니다.

그런데 인간은 스스로에게 해로운 것을 알면서 돈을 주고 사 먹습니다. 내 몸에 나쁜 것인 줄 알면서도 돈을 지불하며 사 먹습니다.

젊은 시절 당장의 즐거움을 추구하면 나이 들어 고생하고, 젊어서 허리 펴고 살면 나이 들어서 허리 숙여야 한다는 것도 모르는 사람이 없습니다.

젊은 시절 노후를 위해 준비하지 않고 명품을 즐긴다면 나이 들어서 하기 싫은 노동을 하며 생계를 유지해야 한다는 것도 인간은 알고 있습니다.

다 알면서 한 달 열심히 일한 나에게 주는 선물이란 말로 스스로를 합리화시키며 백화점에 갑니다.

돈은 소비할 때 힘이 생기는 것이 아니라 가지고 있을 때 힘이 됩니다.

이것을 모르는 사람은 없습니다.

알면서도 남에게 부자처럼 보이고 싶어서, 좀 더 우월해 보이고 싶어서 소득에 맞지 않게 백화점에 가서 명품을 구입합니다.

남들에게 부자처럼 보이기 위해서 스스로 가난해지는 길을 걷고 있습니다.

워런 버핏 회장님 말대로 인간은 어리석습니다.

인간의 어리석음은 50년이 아니라 500년이 지나도 사라지지 않을 것입니다.

그런 이유로 제가 보유 중인 기업 중에는 루이비통이 소량 있습니다.

박물관에 가면 석기시대에도 당시 사람들이 조개껍데기를 이용해 장신구를 만들어 사용했던 기록들이 있습니다. 석기시대에는 조개껍데기로 만든 장신구가 루이비통이었을 겁니다.

저는 루이비통에서 만드는 가방을 가방이라 생각하지 않습니다. 가방이라고 이야기하는 것보다는, 남에게 돋보이고 부유하게 보이기 위한 아이템이라고 생각합니다.

남에게 돋보이고 우월해 보이고 싶어 하는 것은 인간의 본성입니다. 앞서 언급했듯이 석기시대부터 있었던 일입니다.

루이비통을 사는 것이 나쁘다는 말이 아닙니다. 민주주의 사회를 살면서 루이비통 가방을 할부로 구입하든 적금을 깨고 구입하든 각자의 자유입니다. 심지어 가방을 사기 위해 성매매를 하는 사람도 있습니다.

누구도 개인의 자유에 대해 나쁘다고 이야기할 수는 없습니다. 다만 소득에 비해 넘치는 소비로 인해 노후가 어떤 모습으로 다가오든지 각자 선택에 대한 책임과 결과는 각자 받아들여야겠죠.

돈 버는 주식은 따로 있다

각종 미디어를 통해 화려하고 사치스러운 삶이 대중화되었습니다. 우리는 각자 선택한 삶에 대해 존중하되 사람들이 돈을 어느 곳에 많이 쓰는지, 심지어 대출에 이자까지 내며 사고 싶어 하는 것이 무엇인지 잘 살펴보고 그곳에 투자하는 지혜를 발휘하면 됩니다.

루이비통은 단순히 가방이나 옷을 만드는 기업이 아니라 LVMH라는 그룹 아래에 수많은 명품들이 있습니다.

LVMH에는 펜디(FENDI), 지방시(GIVENCHY), 로로 피아나(LORO PIANA), 로에베(LOEWE), 벨루티(BERLUTI), 리모아(RIMOWA), 마크 제이콥스(MARC JACOBS), 셀린느(CELINE), 크리스찬 디올(CHRISTIAN DIOR), 태그호이어(TAG HEUER), 티파니(TIFFANY), 겐조(KENZO), 세포라(SEPHORA), 메종 프란시스 커정(MAISON FRANCIS KURKDJIAN), 돔 페리뇽(DOM PERIGNON), 헤네시(HENNESSY), 글렌모랜지(GLENMORANGIE), 벨베디어(BELVEDERE), 모엣샹동(MOET & CHANDON), 불가리(BVLGARI), 겔랑(GUERLAIN), 벨몬트(BELMONT), 제니스(ZENITH), 베네피트 코스메틱스(BENEFIT COSMETICS), 루이나르(RUINART), 버켄스탁(BIRKENSTOCK), 위블로(HUBLOT), 토마스 핑크(THOMAS PINK), 클라우디 베이(CLUDY BAY), DKNY, 페루 레일(PERU RAIL), 뵈브 클리코(VEUVE CLICQUOT), 아쿠아 디 파르마(ACQUA DI PARMA), 샤토 디켐(Château d'Yquem), Sephora Cosmeticos España, 메이크업 포에버(MAKEUP FOREVER), PARFUMERIE, AMICALE, SAS, 메르시에 샴페인(CHAMPAGNE MERCIER), 오프 화이트(OFF WHITE), 조셉 펠프스(JOSEPH PHELPS) 등 수많은 명품 브랜드가 LVMH에 소속되어 있습니다. 이외에도 백화점, 면세점, 호텔, 리조트 등이 있고 위에 나열하지 않은 많은 명품 브랜드가 있는데 너무 많아서 이

정도로만 정리하겠습니다.

대부분 한 번쯤 들어보았을 브랜드들입니다.
그리고 누구나 좋아하는 브랜드입니다.
이런 브랜드들을 보유한 루이비통(LVMH)이 망할 거라고 생각하는 사람은 없을 겁니다.
이런 기업의 주식을 매수한 후 새벽에 교회에 가서, 절에 가서, 성당에 가서 제발 루이비통이 망하고 루이비통 주식을 갖고 있는 내가 가난해지게 해달라고 기도를 하고 소원을 빌어도 가난해지는 것이 쉽지 않아 보입니다.

이런 기업의 주식이 하락하면 사람에 따라 불안해할 수도 있지만, LVMH가 소유한 브랜드들을 보았을 때 LVMH의 파산을 염려하거나 불안해하는 사람은 없을 겁니다. 세상이 4차 산업혁명으로 바뀌거나 5차, 6차 산업혁명을 넘어서 10차 산업혁명의 시대가 오더라도 인간의 허영심과 탐욕, 소비욕, 과시욕은 변하지 않습니다. 이런 회사의 주식을 매수한 후 주가가 하락한다면 감사한 마음으로 더 매수하면 될 일입니다. 주가가 하락해도 아무 걱정 안 해도 될 기업이고 주가가 하락하는 그 순간에도 백화점이나 면세점에 가면 LVMH가 소유한 브랜드 제품을 사고 싶어서 구경하는 사람들이 가득합니다. 심지어 많은 사람들이 대출과 카드 할부까지 두려워하지 않고 매장에 가서 소비하는데 돈이 없어서 못 사는 것이지 돈이 있으면 누구나 사고 싶어 하는 브랜드입니다.
좀 더 안 좋은 일을 이야기하면, 명품을 사고 싶어서 성매매를 하는 사람들도 적지 않은 것이 현실입니다.

돈 버는 주식은 따로 있다

그 행동이 내 몸과 영혼을 망가뜨리는 일이라는 것을 본인들도 알고 있을 겁니다. 내 몸과 영혼을 망가뜨리면서까지 사고 싶어 하는 물건을 만드는 기업입니다.

앞서 말씀드린 대로 이런 기업에 투자하면 가난해지고 싶어도 가난해지기도 어려울 것 같습니다.

그래서 루이비통의 주가 하락은 감사한 일이지 절대 나쁜 일이 아닐 겁니다.

한 가지 아쉬움이 있다면 몇 년 전 구찌와 에르메스도 인수하려고 지분 전쟁을 했는데 근소한 차이로 경영권을 지켜내서 구찌와 에르메스는 현재 소유하고 있지 못하지만 기회가 온다면 LVMH의 베르나르 아르노 회장은 구찌와 에르메스를 손에 넣기 위해 다시 도전할 겁니다.

그럼 한 가지 의문이 생길 겁니다.

에르메스가 1등 명품인데 왜 에르메스에는 투자를 안 하는지 궁금해하실 겁니다.

에르메스에 투자하지 않는 이유가 있습니다.

먼저 명품산업의 구조를 이해해야 합니다.

루이비통은 베르나르 아르노 회장이 만들고 한국에서는 신라호텔 이부진 사장, 신세계백화점 정유경 사장 이런 사람들이 판매하고 있습니다.

그런데 명품을 구입하는 주 고객층은 소수의 상류층이 아니라 직장인들입니다.

이 말을 다르게 이야기하면, 명품은 재벌들이 만들고 재벌들이 판매하고 직장인들이 카드 할부로 구입한다는 이야기입니다.

그리고 루이비통은 주로 중국에서 제조됩니다. 소량생산이 아니라 대량생산이 가능한 제품이라 돈이 있다면 누구나 구입이 가능하며 그만큼 확장성이 뛰어납니다.

그런데 에르메스는 그렇지 않습니다.
예전에 드라마에서 나오던 이야기처럼 이태리 장인이 한 땀 한 땀 정성을 쏟아서 수제작하는 제조 방식이라 제품 공급에 한계가 있습니다.
그리고 구입하는 고객이 구입을 원한다고 누구나 구입할 수 있는 것이 아니라 에르메스 가방을 구입할 수 있는 자격을 부여받아야 하는데 그 자격을 얻기 위해선 많은 돈을 써야 합니다.
에르메스는 서민들의 허영심과 남에게 돋보이고 싶은 욕심으로 '영끌'을 한다고 해서 구입할 수 있는 물건이 아닙니다.

그래서 에르메스의 수요층은 돈이 많은 소수의 사람들이라 확장성에 한계가 있으므로 매출 역시 성장하는 데 한계가 보입니다. 가격 인상을 지속적으로 시행하면 어느 정도 매출 성장과 이익 성장이 가능하지만 가격을 무한정 계속 올릴 수는 없기 때문에 에르메스는 최고의 명품이라는 의미와 가치는 가지고 있지만 기업의 성장 측면에서는 루이비통처럼 무한정 성장하는 것은 힘들어 보입니다.
이것이 제가 루이비통 주식에는 투자 중이지만 에르메스에는 투자하지 않는 이유입니다.

돈 버는 주식은 따로 있다

두 번째 기업은 스타벅스입니다.

기사를 검색해보면 스타벅스 매장에서 머그컵이 도난당하거나 스타벅스 제품을 훔쳐서 되팔다가 걸려서 경찰에 잡힌 사건들이 검색됩니다.

그런데 빽다방, 이디야커피, 던킨도너츠, 투썸플레이스, 탐앤탐스, 메가커피 등 이런 매장에서 굿즈를 훔쳐서 경찰에 신고당했다는 기사는 검색해봤지만 찾지 못했습니다.

브랜드 좋아하는 사람들은 스타벅스 다회용 컵에 카누를 넣고 다닌다고 합니다. 심지어 스타벅스 사은품을 얻기 위해 커피를 여러 개 주문한 후 한 잔 빼고 다 버리고 사은품을 중고나라에 다시 판매했다는 이야기도 있습니다. 이 정도면 투자해야 할 기업으로 더 설명이 필요 없을 듯합니다.

4차 산업혁명이 지나 5차 산업혁명의 시대가 되었을 때 사람들이 "이제 시간이 많이 지났으니 커피를 마시지 말자." 또는 "시대가 변했고 많은 기술 발전을 이루었으니 이제 커피 대신 코코아를 먹자." 이렇게 이야기하지는 않을 것입니다.

스타벅스의 사업구조는 매우 간단합니다.

다른 커피 브랜드보다 좀 더 비싼 가격에 스타벅스 매장에서 커피를 팔고, 사람들은 좀 더 비싼 값에 스타벅스 커피를 사 먹습니다.

커피가 맛있다고 하시는 분도 계시지만, 주로 스타벅스라는 브랜드를 좋아하기 때문입니다.

스타벅스라는 브랜드를 사람들이 좋아하기 때문에 다이어리, 머그컵, 가방 등 여러 제품들을 만들어서 판매하고 심지어 이 물건들을 갖고 싶어서 도둑질까지 하고 있습니다.

스타벅스는 사업구조가 단순하고 확장성이 쉽고 소비자 접근이 쉬운 사업구조입니다. 뿐만 아니라 기술 연구 개발에 많은 돈을 투자할 필요가 없는 사업이라 과도한 부채에 힘들어할 필요도 없고 들어오는 현금을 효율적으로 잘 쓸 수 있습니다. 그래서 자사주 매입을 아주 많이 하는 기업이 스타벅스입니다. 수십 년이 지나도 지속적인 성장을 기대할 수 있을 뿐 아니라 망하기도 쉽지 않은 브랜드입니다.

현재 전기차가 보급되기 시작했습니다.
전기차는 충전하는 데 걸리는 시간이 기름을 넣는 시간보다 오래 걸립니다. 현재 기준 약 20분 정도 소요되고 있습니다.
충전되는 시간 동안 사람들은 기다려야 합니다. 그래서 스타벅스에서는 주차장에 전기차 충전소를 설치 중입니다.
전기차가 많이 보급될수록 스타벅스의 매출은 비례해서 상승 할 겁니다. 기술이 발전해도 충전 속도가 기름을 넣는 것만큼 빠를 수는 없을 테니까요.
전기차 충전하는 동안 커피를 마시기 딱 좋은 시간입니다.
물론 햄버거나 샌드위치를 먹을 수도 있겠죠. 패스트푸드 기업에서도 전기차 충전소를 지어서 고객을 유치하고 있으니까요.

다만 마음에 걸리는 부분은 있습니다.
스타벅스 커피 가격을 무한정 올리기는 쉽지 않습니다.
그 이유는 스타벅스 위에 블루보틀이 있어서입니다.

돈 버는 주식은 따로 있다

스타벅스가 아메리카노 가격을 올리더라도 블루보틀 커피 가격을 넘어서는 것은 부담이 큰 일입니다.

그리고 매출이 증가하려면 스타벅스 매장을 열어야 하고, 매장을 오픈하려면 부동산이 필요하고, 매출이 증가하는 만큼 인건비와 부동산비용이 비례해서 증가하는 부담이 존재합니다.

이 부분이 감당되신다면 스타벅스는 투자할 만한 기업이라 생각합니다.

세 번째는 구글입니다.

현재 세계 시가총액 상위 기업들은 대부분 테크 기업이면서 플랫폼 기업들입니다.

그중 대표할 만한 기업이 구글입니다.

우리는 구글 없이 살 수 없는 세상에 살고 있습니다.

구글의 사업구조는 광고, 데이터센터, 안드로이드 OS, 빅데이터를 활용한 사업확장, 최근에는 안드로이드 OS 기반 웨어러블 기계들을 만들고 있습니다.

구글에 접속해서 클릭을 할 때마다 구글에 돈이 들어갑니다.

가만히 있어도 사람들이 클릭할 때마다 돈이 들어오는 매력적인 수익구조입니다.

세상에 이렇게 아름다운 비즈니스가 또 있을까 생각됩니다.

그리고 데이터센터는 아마존, 마이크로소프트, 알리바바와 함께 경쟁하고 있는데 아마존이 쇼핑으로 돈을 버는 것이 아니라 데이터센터로 돈을 벌고 있다고 하면 얼마나 큰 돈벌이인지 가늠이 되실 겁니다.

아마존, 마이크로소프트, 알리바바, 구글 이렇게 네 기업이 데이터센터 시장을 장악하고 있습니다.

그리고 데이터센터 시장의 성장은 매년 커지고 있고 데이터센터가 벌어들이는 돈의 규모를 아신다면 '데이터센터 = 화폐제조기' 이렇게 생각하실 겁니다.

구글에는 수많은 데이터가 축적되어 있습니다.

이 데이터로 파생되는 새로운 비즈니스들이 계속 생기고 있으며 가까운 미래에 세계 금융계의 큰 변화를 이룰 겁니다.

제가 구글을 긍정적으로 생각하고 구글에 투자했던 가장 큰 이유는 자율주행입니다.

구글의 자회사인 웨이모가 4단계 자율주행을 제일 먼저 성공시키면서 자율주행 성공의 가장 큰 가능성을 보여주었습니다.

그런데 자율주행이 테슬라로 넘어가는 상황인 지금, 한때 200조 원이 넘는 기업가치로 평가받던 웨이모의 기업가치는 현재 고점 대비 90% 이상 하락한 상태입니다.

그럼에도 저는 구글 주식을 한 주도 팔지 않았습니다.

자율주행이 실패하더라도 구글의 데이터를 활용한 새로운 사업확장성이 뛰어나기 때문입니다.

최근 구글의 움직임을 보면, 구글이 특화되어 있는 소프트웨어의 영역을 넘어서 하드웨어까지 진출하기 위해 많은 노력을 하고 있습니다.

애플의 성장을 보며 구글이 느끼는 것이 많았을 겁니다.

돈 버는 주식은 따로 있다

이제 구글도 안드로이드 OS에만 머무르는 것이 아니라 이것을 기반으로 애플과 같은 생태계를 구축하기 위한 준비단계를 이미 마친 상태입니다.

현재 삼성과 협업하며 애플의 발목을 잡기 위해 노력 중입니다. 이 부분에서는 삼성과 구글의 이해관계가 딱 맞아떨어집니다. 둘 다 애플의 발목을 잡아야 하는 입장이니까요.

구글은 자체 칩을 개발했습니다. 현재까지는 퀄컴의 스냅드래곤을 사용했지만 그 한계를 뛰어넘기 위해 구글에서 자체 개발한 SOC GOOGLE TENSOR칩을 사용합니다.

이 칩을 기반으로 스마트폰, 태블릿, 노트북, 시계, 스마트글래스 등 자체 생태계를 만들 준비를 마쳤습니다.

그동안 안드로이드 OS는 애플과 다르게 누구나 사용 가능하도록 만들었고 그로 인해 가장 많은 사람들이 사용하고 있습니다. 문제는 폐쇄형 OS가 아니라서 각 하드웨어 제조사들이 수집한 데이터를 구글에 넘겨주지 않는다는 문제가 있었습니다.

이제는 이 부분을 개선 중입니다.

구글도 애플처럼 자체 생태계를 구축하기 위해 데이터를 수집하고 구글의 생태계를 만들어서 구글의 강점인 소프트웨어 사업을 추진할 겁니다.

반도체 설계는 애플이 1등이라고 하지만 구글도 여기에 크게 뒤질 거라 생각하지 않습니다.

하지만 저는 구글이 애플을 넘을 거라 생각하지는 않습니다.

안드로이드 영역에서 애플의 전철을 밟게 된다면 현재보다 이익이 많이 늘어 기업가치가 크게 높아질 거라 생각합니다.

저는 1등 기업을 선호합니다.

하지만 이 부분은 조금 다른 부분이 있습니다.

애플에서 안드로이드로 이동하거나 안드로이드에서 애플로 이동하는 것을 개종한다고 표현합니다. 종교를 바꾸는 것만큼 어렵고 힘든 일이라는 뜻입니다.

그래서 이미 잡아놓은 물고기를 상대로 시작하는 사업이라 너무 못하지만 않는다면, 또는 적당히 괜찮은 제품만 출시한다면 충분히 해볼 만한 사업이라 생각합니다.

하지만 구글이 적당히 괜찮은 제품을 출시하거나 너무 못하지는 않는, 그저 그런 수준의 기업은 절대 아닙니다.

사람들은 이런 의심을 합니다.

과거의 구글에 투자했다면 큰 수익을 얻었을 텐데 지금은 너무 큰 기업이라 더 성장이 어렵지 않냐고 되묻습니다.

그리고 미래의 애플, 미래의 구글, 미래의 삼성전자를 찾기 위해 알아보고 노력합니다.

불필요한 행동입니다.

인간은 미래를 알 수 없습니다.

이 부분에 대해 워런 버핏 회장님이 전에 이야기한 적이 있습니다.

미래의 삼성전자를 찾기 위해 노력했었는데 시간이 지나고 보니 그럴 필요가 없었다고 합니다.

삼성전자가 하락했을 때 삼성전자를 사면 되지, 미래의 삼성전자를 찾으려 노력하는 것은 의미 없는 행동이라고 이야기했습니다.

돈 버는 주식은 따로 있다

그리고 우리는 이것을 알아야 합니다.

나이키, 구글, 루이비통과 같은 기업들이 과거보다 커진 것은 맞고 기업 가치가 크게 상승한 것은 틀림없는 사실입니다. 그렇기 때문에 과거보다 더 강해졌고 더 강력한 상승 동력이 있는 것입니다.

이런 강한 힘으로 경쟁자를 죽일 수도 있고 미래의 경쟁자가 생기지 않도록 싹을 잘라버릴 힘을 갖고 있는 무서운 기업이 된 것입니다. 그래서 오히려 과거보다 지금이 더 투자가치가 커진 것입니다.

또 만약 이미 크게 성장했기 때문에 앞으로는 성장에 한계가 있을 것이고 이미 다 성장했다는 말이 맞다면 1980년대 출생인 우리를 포함하여 다음 세대들은 투자를 이어갈 수 없다는 말이 되겠죠.

절대 그렇지 않습니다.

자본주의의 성장은 영원히 지속될 것입니다.

구글이 이미 세계 정상의 기업이 되었다고 더 이상 성장이 어렵다고 생각하는 것은 옳지 않습니다.

네 번째 기업은 AMD입니다.

컴퓨터에 관심이 있으신 분은 아실 겁니다.

AMD는 반도체 설계 전문 기업이고 CPU와 GPU를 설계하는데, CPU는 인텔과 경쟁하고 GPU는 엔비디아와 경쟁하는 것으로 많은 사람들이 알고 있지만 실제로는 엔비디아와 영역이 겹치는 부분이 크지 않아서 엔비디아와 심각하게 경쟁하지는 않습니다.

AMD를 이야기할 때 인텔을 빼고 이야기할 수 없습니다.

반도체 회사 페어차일드(FAIRCHILD)에서 고든 무어가 나와서 인텔을 창업하고 제리 샌더슨이 나와서 AMD를 창업합니다. 아시는 분이 계시겠지만 '무어의 법칙'이라는 말을 들어보셨을 겁니다. 여기서 나오는 이름이 인텔의 창업자 고든 무어입니다.

고든 무어가 이끄는 인텔은 창업 시작부터 순항합니다. 창업 초기부터 투자금을 확보해서 CPU 설계를 먼저 시작하고 생산까지 직접 하게 됩니다.

반면 AMD는 시작이 쉽지 않았습니다. 인텔이 AMD에게 제안을 합니다. 우리가 투자하는 조건으로 우리가 설계한 칩을 AMD가 위탁생산해 달라는 제안을 하는데 AMD는 선택의 여지가 없었습니다. 당장 회사를 운영하려면 인텔이 내미는 손을 잡을 수밖에 없었으니까요.

그래서 인텔의 286CPU가 세상에 출시됩니다. 286CPU를 AMD가 함께 생산하면서 인텔은 빠른 속도로 PC시장을 장악합니다. PC시장을 빠르게 장악하는 동시에 인텔은 많은 돈을 벌게 됩니다.

그 돈으로 생산시설을 늘려서 대량생산이 가능해졌기 때문에 이때부터 AMD에 하청을 줄 이유가 사라집니다. 그래서 더 이상 AMD에 하청을 주지 않고 인텔이 독식하려 합니다.

AMD는 인텔을 상대로 소송을 진행합니다.

이 소송의 결과가 AMD의 운명을 결정짓는 중요한 소송이었고 오랜 소송 끝에 AMD가 승소를 하게 됩니다.

그동안 386CPU와 486CPU를 시장에 내놓으면서 독점하던 인텔이 이제 AMD가 386과 486칩을 생산하면서 추격해오자 펜티엄이라는 새로운 아키텍처를 출시합니다.

당시에 CPU의 규격은 인텔이 정한다고 해도 과언이 아니었습니다. 286, 386, 486, 펜티엄 등 이 모든 것은 인텔의 규격입니다. 펜티엄 아키텍처가

돈 버는 주식은 따로 있다

출시되면서 인텔을 쫓아오던 경쟁자들은 대부분 사라집니다.

이때 AMD에서 애슬론 아키텍처를 출시하면서 반전의 기회를 잡습니다. 애슬론 아키텍처를 개발한 사람은 짐 캘러입니다(미래의 테슬라 FSD 칩을 개발하는 데 큰 공헌을 한 반도체 설계의 살아 있는 전설).

펜티엄보다 저렴한 가격에 뛰어난 성능을 장점으로 작은 규모의 AMD는 인텔과 대등한 입장에서 경쟁할 수 있는 발판을 마련하게 됩니다.

여기서 인텔이 가만히 있지 않았습니다. 2006년 코어 아키텍처를 출시하면서 또다시 도망갑니다.

코어 아키텍처는 설계부터 AMD를 죽이려고 만든 제품이라 AMD보다 낮은 가격에 더 좋은 성능이 아니라 AMD를 압도할만한 강력한 성능을 보여주는 CPU입니다.

인텔과 경쟁할 만한 발판을 겨우 마련한 AMD는 큰 혼란에 빠지게 되며 2011년 새로운 아키텍처를 출시하는데 그 이름이 불도저입니다.

이것이 AMD 역사상 최악의 실수가 됩니다.

이 한 방으로 돌이킬 수 없는 타격을 입게 되며, 시장에서는 더 이상 AMD는 살아날 수 없다고 판단합니다. AMD의 주식은 주당 1달러까지 떨어지며 거래정지가 되고 AMD 주식 상장폐지는 거의 확정되었던 상황입니다.

당시 인텔의 CEO였던 크르자니크가 AMD는 살아날 수 없는 기업이니 AMD에 신경 쓰지 말고 다른 기업들에 집중하라고 사내 회의에서 이야기했습니다.

그리고 유일한 경쟁기업이 사라졌으니 이제 원가절감을 과하게 시작하고 고객서비스도 느슨하게 합니다. 고객들에게 갑질이 시작되고 당연히 연구 개발비용도 대폭 줄이게 됩니다.

경쟁자가 사라졌으니 그럴 만하다고 생각됩니다.

심지어 AMD의 인재들이 삼성, 엔비디아, 인텔 등 다른 기업들로 대부분 이직한 상태로, 며칠 후에 파산하는지만 손꼽아 기다리는 상황이었습니다.

그런데 크르자니크 CEO가 한 가지 실수한 것이 있었습니다.

그 시점에 AMD에서 리사 수를 영입했는데 크르자니크 CEO가 성공에 취해서 앞으로 본인이 상대해야 할 사람이 리사 수라는 사실을 망각했습니다. 그리고 가까운 미래에 벌어질 일들을 조금도 예상하지 못했습니다.

여기에 더해 크르자니크 CEO가 CEO 집무실에서 비서와 하지 말아야 할 행동을 했다가 걸려서 해임되었습니다.

유일한 경쟁자인 AMD가 사실상 사망 선고를 받은 상태라 CEO의 정신 상태가 정상이 아니었고 이것이 AMD에게는 큰 기회가 되었습니다.

크르자니크는 리사 수가 뛰어난 인재라는 것은 알았지만 이미 사형선고를 받은 회사에 가서 발버둥 쳐도 상황을 되돌릴 수 없다 확신하였는데 이 생각은 큰 착각이었습니다.

리사 수는 유능한 인재는 다 빠져나갔고 패잔병들만 모여 있는 상황에서 다음 달 급여조차 줄 돈이 없는 상황에 몰리게 되자 급여를 지급하기 위해 현재 쌓여 있는 재고를 소니에게 저렴한 가격으로 납품을 합니다. PC용 CPU를 플레이스테이션에 납품함으로써 PC용 칩을 탑재한 소니의 플레이스테이션은 고성능 게임기로 변신합니다.

AMD가 보유한 재고품은 앞서 말씀드린 불도저 아키텍처로 출시된 칩인데, PC에 사용할 때는 아쉬움이 많지만 게임기에 사용하는 것은 성능이 충분한 것을 넘어 경쟁사 게임기를 압도했습니다. 소니 플레이스테이션의 성능이 좋아 잘 팔리면서 마이크로소프트의 X BOX도 AMD의 칩을 원하게 됩니다. 불도저 아키텍처는 PC시장을 위해 만든 제품인데 이렇게 게임기 시장에 잘 팔리면서 당장 직원들 급여를 주고 회사를 운영할 단기자금을 확보하게 됩니다.

리사 수는 당장 현금을 만들어 급여를 줄 돈을 해결하는 동시에 인텔의 약점을 찾습니다.

실제로 인텔이 버린 쓰레기까지 뒤져가며 찾은 결과가, 인텔에서 CPU를 생산할 때 CPU 안에 여러 개의 코어가 더해져서 CPU가 만들어지는데 불량이 나오는 코어가 한 개라도 있으면 그 칩 전체를 버리는 것을 발견합니다.

AMD의 리사 수는 이 점을 깊이 파고듭니다.

인텔보다 낮은 가격의 칩을 판매할 수 있다는 희망이 보이면서 AMD에서 생산하는 칩은 코어가 불량인 것들을 잘라내고 그것들을 따로 모아서 사용 가능한 코어를 조합해 저사양 칩을 만드는 데 사용합니다.

AMD에서는 버려지는 불량품들을 잘 활용해서 획기적인 원가절감을 하게 됩니다. 그리고 인텔과 성능은 비슷하지만 가격은 인텔 칩 50% 수준의 ZEN 시리즈를 발표하며 반전의 기회를 노립니다.

동시에 회사 사정이 어려워서 칩 생산라인을 유지하는 것이 현실적으로 어려워지자 칩 생산장비를 모두 포기하고 대만의 TSMC에 위탁생산을 맡겨서 자본의 효율성을 높이게 됩니다.

이 시점부터 AMD는 반도체 설계만 전문적으로 하는 팹리스 기업으로 재탄생하였고, 그 기조는 지금까지 유지 중입니다.

지금부터는 반도체 설계에 집중하며 낮은 가격에 좀 더 좋은 성능의 칩을 개발하기 위해서 밤낮을 가리지 않고 매진합니다.

그 결과 1달러까지 하락하고 거래정지 후 상장폐지 직전까지 갔던 AMD 주식은 50달러가 넘었고, 시장점유율은 40%까지 상승했습니다.

제가 AMD에 투자한 시점이 CPU시장점유율 40%를 넘겼을 때입니다.

그런데 인텔은 AMD의 약진에 조금 당황하지만 크게 동요하지는 않았습니다.

앞서 말씀드렸듯이 '데이터센터 = 화폐제조기'일 정도로 데이터센터는 쌀 포대에 돈을 쓸어 담는 사업이라 이 안에 막대한 이익이 있는데 이 데이터센터 칩 시장을 인텔이 99% 장악하고 있기 때문입니다.

인텔에 치명적인 펀치를 날릴 수 있는 곳은 데이터센터 칩 시장인데, 데이터센터 칩 시장은 금덩어리를 거래하는 것에 비유해도 틀리지 않을 것입니다.

이 시장에서 인텔의 점유율은 99%였습니다만 AMD가 반도체 생산을 포기하고 반도체 칩 설계에만 전념하면서 데이터센터까지 진출하게 되었습니다.

현재 AMD의 데이터센터 시장점유율은 약 10% 전후까지 상승한 상태이고, 2021년도에는 페이스북에서 자체 데이터센터 칩을 인텔에서 AMD로 돌아서는 충격적인 사건이 발생했습니다.

페이스북은 인텔과 오랜 협력관계였습니다. 데이터센터는 그 기업에서 대단히 중요한 부분이라 아무리 강조하고 또 비유를 해도 지나치지 않을 만큼 매우 중요한 부분입니다. 그러한 이유로 담당자가 칩을 바꾸는 것은 매우 위험한 일입니다. 가만히 있으면 그 자리는 지킬 수 있는데 좀 더 좋다는 이유로 함부로 칩을 바꾸게 되면 상상치 못한 변수로 인해 그 자리가 위험해질 수 있기 때문입니다.

그럼에도 불구하고 페이스북이 인텔과 오랜 협력관계를 끝내고 AMD의 데이터센터 칩으로 교체하는 것은 반도체시장과 데이터센터시장에 매우 큰 의미를 보여주었습니다.

지금까지는 AMD가 CPU시장에서 인텔 칩과 비교해 가격은 저렴하면서 성능은 비슷하거나 조금 더 나은 칩을 주력으로 시장점유율을 키워갔습니다. 그런데 지금은 저렴한 가격대의 칩도 판매하지만, 인텔보다 더 비싸고 성능이 뛰어난 칩도 출시하고 있습니다.

아직 인텔보다 외형은 작지만 이제 위기에서 벗어나 현금이 쌓이고 동등한 위치에서 싸워도 전혀 문제가 되지 않는 상황입니다.

현재 인텔은 크르자니크 해임 후 밥 스완을 거쳐 팻 겔싱어라는 걸출한 CEO가 인텔을 지휘하고 있습니다. 겔싱어는 인텔의 영웅입니다. 과거 인텔의 전성기를 만든 결정적 역할을 한 사람 중 한 명입니다. 그리고 리사 수와 함께 기술에 정통한 뛰어난 사람입니다.

이제 인텔도 대단한 CEO가 이끌고 있기 때문에 AMD 입장에서는 부담으로 작용하는 것은 부인할 수 없습니다.

그럼에도 제가 인텔이 아닌 AMD를 선택한 이유는, 팻 겔싱어가 훌륭한 CEO라는 것은 인정하지만 리사 수를 대적할 수준은 아니라는 것을 알기 때문입니다.

여기에 하나 더해 AMD는 리사 수를 중심으로 빠른 의사결정과 빠른 움직임이 장점입니다. 그런데 인텔은 거대 조직이다 보니 사내 정치가 발목을 잡습니다. 정치적인 문제 때문에 빠른 의사결정이 이루어지기 힘든 사내구조가 있습니다.

이처럼 내가 투자할 기업을 선정할 때는 내가 투자할 기업 이외에 상대 기업 또는 경쟁기업의 장단점과 경쟁력, 그리고 약점이 무엇인지 자세히 조사해야 투자손실을 막을 수 있습니다.

친구 추천, 증권사 추천, 리딩방 추천, 유료 회원 추천 이런 것은 실패의 지름길입니다.

다섯 번째 기업은 엔비디아입니다.

게임을 좋아하시는 분들에게는 익숙한 이름일 겁니다.

그래픽카드의 대명사이며, 대체재가 없는 유일한 기업이 엔비디아입니다.

엔비디아의 창업자는 젠슨 황입니다.

반도체 기업을 보면 대만 사람들이 많습니다.

지금 이야기하려는 젠슨 황, AMD의 리사 수, TSMC의 창업자 모리스 창 등 많은 반도체 거장들이 있습니다.

비메모리반도체는 뛰어난 개발자 한 명이 100만 명을 먹여살릴 수 있는 시장이고, 세계 반도체시장을 움직이는 사람 중 대만 출신 사람들이 많은 것은 한국인으로서 부러운 일입니다.

삼성전자는 메모리반도체 부분에서는 잘하지만 엔비디아, AMD처럼 비메모리반도체 설계를 못합니다.

미국에는 비메모리반도체 팹리스 기업이 많습니다.

돈 버는 주식은 따로 있다

엔비디아, AMD, 마벨 테크놀로지, 자일링스 등 그 밖에도 언급되지 않은 좋은 비메모리반도체 기업들이 많은데 이 중 적지 않은 비중이 스타트업이라는 사실이 우리를 놀라게 합니다.

비메모리반도체 설계에 큰 부가가치가 있기 때문에 삼성전자도 수십조 원을 투자하며 열심히 노력했지만 좋은 결과를 얻지 못했습니다.

젠슨 황은 AMD의 CPU 개발팀에서 엔지니어로 근무했습니다. 그리고 1993년 창업을 시작합니다.

처음 창업 때 전문분야인 CPU를 설계하고 싶었지만 CPU는 당시 강력한 공룡인 인텔과 인텔을 추격하는 강력한 2등 AMD가 있었기 때문에 CPU시장에는 진출할 수가 없었습니다.

1993년 당시에는 PC의 활용도가 게임이나 영상을 즐기는 것이 주목적이 아니라 사무용으로 사용되는 것이 주목적이었고 그 중심에 마이크로소프트가 있었습니다.

젠슨 황이 미래를 내다본 것인지 아니면 공룡 같은 CPU 전문 기업들과의 경쟁을 피하려고 했던 것인지는 정확히는 알 수 없지만, 당시 젠슨 황은 CPU가 아닌 그래픽카드라는 생소한 것을 개발하게 됩니다. 그 첫 번째 출시품이 NV1입니다. 엔비디아1이라는 뜻인데, 당시에는 생소한 분야라 대중성을 갖지 못해 실패합니다.

여기서 다들 눈치채셨겠지만 창업 초기 실패는 바로 망하는 지름길입니다. 이때 엔비디아가 역사속으로 이름 없이 사라질 뻔했는데 일본에서 구세주가 나타납니다.

1990년대에는 일본이 세계 게임시장을 장악하고 있었는데 그중 강한 회사 SEGA에서 엔비디아에 투자를 합니다. SEGA는 앞으로 게임시장의 그래픽 품질이 중요한 시대가 올 거라 판단해서 엔비디아에 투자함으로써 게임의 질을 높이기 위해 가장 빨리 움직였습니다.

그리고 SEGA의 투자로 엔비디아가 NV3를 개발함으로써 크게 성공합니다. 이 한 번의 성공으로 NV1의 실패를 만회하고 그래픽카드시장이 열리게 된 계기가 되며 그래픽카드의 수요가 게임회사로부터 시작됩니다.

엔비디아는 이때의 성공으로 현금을 확보해서 다음 단계의 개발비용에 투자할 수 있게 되었습니다.

그 개발비용을 투자해 만든 작품이 그 유명한 지포스256입니다. 지포스 시리즈부터는 CPU의 도움 없이 순수 그래픽카드로만 실행이 가능해지게 되며 지금의 엔비디아가 만들어진 초석이 됩니다.

뿐만 아니라 현재 데이터센터에 사용되는 GPGPU 또는 엔비디아에서 데이터센터 전용 칩으로 개발한 DPU도 이때 만들어진 기술을 기반으로 만든 것입니다.

다행인 것은 당시 인텔과 AMD가 그래픽카드에 크게 관심을 두지 않았다는 겁니다. 현재는 AMD도 인텔도 그래픽카드를 만들고 있지만 엔비디아와 라인업이 겹치는 부분이 적어서 직접적인 경쟁을 하지는 않습니다. 그래픽카드의 쓰임과 용도가 다르기 때문입니다.

엔비디아의 사업 영역은 데이터센터, 메타버스, 자율주행 개발 등 많은 부분에 진출해 있습니다.

메타버스는 경쟁하는 기업들이 많습니다. 페이스북과 애플, 마이크로소프트를 중심으로 많은 기업들이 미래 먹거리를 선점하기 위해 총성 없는 전쟁 중이고 여기서 두 가지 관문을 거쳐야 합니다.

메타버스 관련 거의 모든 소프트웨어는 유니티소프트라는 기업을 거쳐

돈 버는 주식은 따로 있다

야 하며 메타버스 관련 거의 모든 반도체는 엔비디아를 거쳐야 합니다.

그래서 엔비디아는 메타버스 사업 영역에서 각 기업들이 경쟁하는 것을 지켜보고 있습니다. 누가 이기든 누가 승자가 되든 엔비디아 앞에 와서 협조를 구해야 하기 때문입니다.

자율주행은 쉽게 이야기하면 테슬라 진영과 반테슬라 진영으로 나뉘게 됩니다.

이것을 기술적으로 이야기한다면, 디지털맵 방식의 자율주행과 비전 방식의 자율주행 두 가지 방식으로 나뉘는데 테슬라는 디지털맵이 아닌 카메라를 이용한 자율주행 방식으로 개발 중에 있습니다.

처음 자율주행 레벨4로 인정받은 기업은 구글의 자회사 웨이모입니다. 한때 기업평가 가치가 200조 원을 살짝 넘길 정도로 주목을 받았지만, 지금은 그 가치가 90% 이상 하락한 상태이며 웨이모뿐 아니라 디지털맵을 기반으로 자율주행을 개발하던 거의 모든 기업이 사실상 진전이 없는 상황입니다. 그래서 현재 상황을 종합해본다면 완전자율주행 기술이 성공한다면 테슬라가 성공할 것이고, 테슬라가 실패한다면 자율주행은 현 시대에 인간이 정복하지 못하는 기술로 결정될 겁니다.

그 중간에 인텔의 자회사 모빌아이와 엔비디아가 살짝 끼어 있습니다. 디지털맵 방식의 자율주행이 진척이 없는 이유는 모든 도로와 도시를 디지털맵으로 만드는 데 수백 년이 걸리기 때문입니다.

현재 반도체 기술이 하루가 다르게 빠른 속도로 발전하고 있지만 디지털맵을 만드는 시간을 크게 단축시키지는 못하고 있습니다.

우리 투자자들이 속아서는 안 되는 것이 이 부분입니다.

'현대자동차와 리프트가 손잡고 라스베거스에서 자율주행을 실행한다.' 또는 '구글의 웨이모가 피닉스에서 자율주행을 하고 있다.' 또는 '어떤 기업들이 자율주행에 성공했다.' 이런 언론의 장난에 속아서는 안 됩니다.

도로와 도시가 정형화되어 있어서 디지털맵을 만들기 유리한 일부 지역, 예를 들면 피닉스나 라스베거스와 같은 지역을 택해서 운행하는 겁니다.

현대자동차 또는 GM, 구글이 자율주행에 드디어 성공했다고 잘못된 지식을 갖고 투자하시면 그 투자의 결과는 각자가 책임져야 합니다.

자율주행이라는 기술은 전문분야라서 일반인들이 쉽게 접근하고 이해하기가 어렵습니다. 그래서 잘못된 정보와 이야기들이 많습니다.

그럼 엔비디아는 디지털맵 방식을 사용하는데 다른 기업들과 무엇이 다를까요?

조금 전에 이야기했던 메타버스입니다.

고성능의 그래픽카드를 기반으로 현실인지 가상인지 구분이 힘든 상황을 고도화된 반도체 기술로 구현합니다. 여기서 많은 주행데이터를 얻습니다. 그 주행데이터로 계속 자율주행 개발을 이어가고 있습니다.

엔비디아도 한때 테슬라와 공동으로 자율주행 기술을 개발한 적이 있습니다. 당시 차량 사고가 있었는데 이에 대해 서로 입장 차이가 있어서 테슬라와 엔비디아가 이별하며 각자 개발하게 되었습니다.

테슬라와 엔비디아 중 누가 완전자율주행에 성공할지 시간이 좀 더 지나야 알 수 있겠지만, 완전자율주행 기술을 먼저 성공한 기업은 그 기업 가치를 어떻게 평가해야 할지 계산조차 하기 힘들 겁니다.

자율주행뿐만 아니라 우리가 현재 살아가는 세상은 반도체 없이 살아갈 수 없는 세상입니다. 그 중심에 CPU와 GPU가 있고 여기에는 인텔,

돈 버는 주식은 따로 있다

AMD, 엔비디아가 설계를 맡고 있고 모든 반도체 생산은 TSMC를 거쳐야 합니다. 그리고 TSMC가 고성능 반도체를 생산하기 위해서는 ASML이 만든 EUV노광장비가 반드시 있어야 합니다.

장기간 복리수익을 얻기 위해서는 대체할 수 없는 유일한 기업이거나 또는 그 시장의 점유율이 2위와 격차가 너무 커서 2위 기업이 1위 기업과 격차를 좁힐 수 없고 우리 생활에 없어서는 안 되는 꼭 필요한 물건과 서비스를 제공하는 기업에 투자해야 합니다.

이 모든 것에 부합하는 기업 중 하나가 엔비디아입니다.

현재 엔비디아를 대체할 기업을 억지로 끼워 맞춘다면 AMD정도는 이야기할 수 있지만 현실적으로 AMD가 엔비디아의 자리를 대체할 수는 없습니다. 그래서 엔비디아가 없으면 세상은 돌아가지 않습니다. 그리고 엔비디아가 아무리 반도체를 잘 설계해도 TSMC가 없다면 세상은 마비될 것입니다.

CHAPTER 8.

주식을 사는 사람
vs
기업을 사는 사람

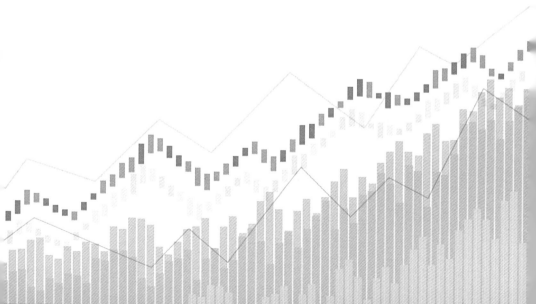

1 주가는 흔들려도 기업은 흔들리지 않는다

주식을 하는 사람 중 정말 많은 사람이 단기매매를 좋아합니다. 서점에 가면 그런 수요에 맞춰서 매일 주식을 매매하는 방법에 대해 소개하는 책들이 넘쳐납니다.

매달 수많은 주식 관련 책들이 출간되지만 대부분 매일 주식매매를 하며 수익을 얻는 방법에 대해 이야기하고, 본인은 그런 방법으로 부자가 되었다고 이야기를 합니다.

저는 의문이 듭니다.

매일 홈런을 치지 않더라도 1,000만 원을 투자해 하루 0.5%씩만 수익을 얻어도 1년이면 약 5배 정도 수익이 생깁니다. 2년이 지나면 원금에서 25배가 되겠죠.

그런 방법을 알고 있는 사람이 책을 팔아서 돈을 벌거나 강의를 해서 돈을 번다는 것은 제 상식으로는 잘 납득이 되지 않습니다.

유튜브도 마찬가지입니다.

주식이 상승할 때 나타나서 회원가입 후 매매정보를 얻으라고 영업을 하고, 주식시장이 상승할 땐 어느 정도 수익이 생기는 듯합니다. 시장이 상승장일 때는 가능할 수도 있는 일이구요.

그런데 주식이 하락하면 그 많던 워런 버핏이 사라집니다. 여기 가입했

돈 버는 주식은 따로 있다

던 사람들은 주가 하락의 고통을 겪어야 하는데 이런 일들이 계속 반복되고 있습니다.

단기매매로 짧은 기간에 수익이 가능한 사람도 가끔 있습니다. 우리가 귀 기울여야 할 사람들은 워런 버핏, 피터 린치, 벤자민 그레이엄, 하워드 막스, 론 바론 등 검증된 사람들입니다.

이들은 재산과 투자성과가 이미 공개되어 있는, 검증된 사람들입니다.

그런데 정확히 검증된 사람의 이야기 대신 유튜브에서 또는 SNS에서 롤렉스 보여주고 고급 슈퍼카 보여주며 나 잘났다고 떠드는, 검증되지 않은 사람의 말을 듣고 싶은가요?

워런 버핏, 피터 린치, 론 바론이 슈퍼카 또는 롤렉스 흔들며 보여주는 것을 저는 아직 보지 못했습니다.

1920년대 미국에 다우라는 사람이 있었습니다.

당시 미국의 주식시장은 정보에 의존한 매매가 주를 이루었습니다. 그러다 보니 "소문에 사서 뉴스에 팔아라." 이런 증시 격언이 나오게 된 것입니다.

기업가치를 계산하는 툴조차 없던 시절, 소문과 정보에 의존하여 매매하던 시절의 격언을 지금까지 사람들은 증시 명언이라 믿으며 매매를 합니다.

기가 막힌 일이죠.

다우라는 사람이 기술적 분석이라는 신개념을 시장에 내놓았고 기존의 정보에 의한 매매가 지겨운 사람들에게 기술적 분석 이라는 말은 신선한 충격으로 다가왔습니다.

그 후 기술적 분석이라는 이론은 과거의 데이터를 기초로 한 사후 분석이라 미래에 투자하는 우리에게는 실질적으로 필요가 없다며 가치투자의 정의를 만든 벤자민 그레이엄(워런 버핏의 스승) 교수님이 나타나서 기업의 내재가치보다 저렴한 값에 투자한다는 신개념을 세상에 가르쳐주었습니다.

동시에 필립 피셔(켄 피셔의 아버지)라는 투자의 거장이 나타나 성장주투자의 이론을 발표하며 미래 성장 가능성이 큰 기업은 주가가 비싸더라도 투자해야 한다는 이야기를 했습니다.

그 후 워런 버핏의 등장과 벤자민 그레이엄과 필립 피셔의 이론이 잘 정리되어 현재까지 그 맥을 잘 이어오고 있습니다.

그런데 한국에는 아직도 1920년대 미국의 투자문화가 자리 잡고 있습니다.

서점에 가서 주식투자 서적들을 보면 대부분 차트 분석과 정보매매에 대한 책이 주를 이루고 있습니다.

한국의 주식투자자들은 2022년을 살고 있으면서 주식투자 방법은 100년 전의 방식을 따라가고 있다는 것입니다.

그런데 기술적 분석과 정보매매에 의존한 단기매매로는 특성상 용돈은 벌 수 있을지 모르지만 유의미한 규모의 돈은 벌지 못합니다.

그 이유는 이렇습니다.

독자님들께 1억 원이 있습니다.

그런데 단기매매로 1억 원을 다 넣을 수 있나요?

단기 주식매매에 잘 넣어봐야 2천, 3천 정도는 가능할 겁니다. 그런데

돈 버는 주식은 따로 있다

사이버머니가 아니라서 현금 1억 원 전부를 넣을 수는 없습니다.

3천만 원을 주식매매에 넣어도 2~3%가 움직이면 100만 원 가까운 돈이 생겼다 사라졌다 반복합니다. 그럼 그 돈을 챙겨야 하기 때문에 주식을 매도해야 합니다.

단기매매는 주식을 길게 가져갈 수 없습니다.

용돈은 벌 수 있을지 모르지만, 우리 인생에 유의미하게 쓰일 수 있는 큰돈은 벌 수 없습니다.

기업에 투자한다는 생각이 아니라 주식에 단기투자하는 사람들은 이유가 두 가지입니다.

첫 번째는 빨리 돈을 벌고 싶은 욕심입니다.

젊은 나이에 부자가 되고 싶은 것은 인간의 강한 본능입니다.

하지만 구약성경 잠언서에는 이 부분을 죄라고 이야기하며, 급히 부자가 되려는 자는 궁핍해진다고 기록되어 있습니다.

두 번째는 내가 산 주식이 하락할까 봐 불안해서입니다.

주식이 하락할 때 불안하거나 고통스러운 이유는 그 기업이 무슨 사업을 하는지조차 불분명한, 쓰레기 같은 주식을 샀기 때문입니다.

제가 주식투자로 꾸준히 수익을 얻을 수 있었던 이유는 주식을 사지 않고 기업을 샀기 때문입니다. 듣기에 따라 말장난처럼 보일 수도 있고, 별거 아닌 사람이 괜히 무언가 있어 보이려 하는 작업 멘트처럼 보일 수도 있습니다.

그런데 주식을 산 사람과 기업을 산 사람, 이 둘의 차이는 향후 1억이냐 10억이냐를 결정짓는 중요한 요소입니다.

기업에 투자한 사람은 주가 하락이 불안하지 않습니다.

저는 투자하는 기업마다 항상 상승했을까요?

현재 시점으로 제가 투자한 기업 중 마이너스 80%가 넘는 기업도 있습니다.

외부 충격에 의해 시장이 하락하는 것은 누구도 예상할 수 없고 막을 수도 없습니다.

주가가 흔들리고 그로 인해 내 마음이 흔들리는 것이지 기업이 흔들리지는 않습니다.

그래서 주가가 하락했을 때 저는 추가 매수를 합니다.

사람들은 배짱이라 하고 용기가 대단하다고 합니다.

이것은 배짱도, 용기도 아닙니다. 내가 투자한 기업이 무엇을 하는 기업인지, 현재 주가 하락이 주식의 가격만 하락한 것인지 기업의 가치가 훼손되어 주식의 가격에 반영된 것인지 구분할 수 있기 때문에 가능한 일입니다.

돈 버는 주식은 따로 있다

2 투자 성공은 타이밍이 아니라 시간으로부터

이제는 나 스스로에게 질문을 던져야 할 겁니다.

"투자란 무엇인가?"

투자는 미래를 바라보는 행위인 동시에 미래의 시간으로부터 이익을 얻기 위해 현재 남아 있는 현금을 배분하는 것이라 생각합니다.

그리고 우리는 기업에 투자할 때 주식이 저렴할 때 사서 비쌀 때 팔아야 하지만 사람들은 반대로 하고 있습니다.

투자에 실패하는 사람은 주식을 비쌀 때 사서 쌀 때 팔아버립니다. 주식이 비쌀수록 더 많은 사람들이 주식을 사고 주식이 크게 하락할수록 더 많은 사람이 주식은 도박이라 욕하며 팔아버리고 주식이 비싸지면 다시 삽니다.

이런 사이클이 반복되면서 사람들이 점점 가난해지고 빈부격차가 벌어집니다. 주식이 비쌀 때 사고 싶어지고, 주식이 쌀 때 팔고 싶어지는 것이 인간의 타고난 본성입니다.

그래서 사람은 배워야 합니다.

올바른 교육과 정확한 이해를 통해 본성을 누를 수 있습니다.

투자 전 정확한 이해가 있어야 하며, 그 기업에 관한 지식과 이해가 투자 결정의 기초가 되지 않는다면 그 사람은 주식의 가격을 맞히는 게임을 해야 할 겁니다.

단기간의 주식가격을 결정하는 것은 정치, 금리, 원자재, 환율 등 여러 요인들이 있습니다. 그런데 세상에 이것들을 맞힐 수 있는 사람은 없습니다.

다음번 FOMC에서 금리를 올릴지 내릴지 연준의장조차 알 수 없습니다. 금리 결정을 직접 발표하는 당사자인 연준의장조차 알 수 없다는 말입니다.

금리를 발표하는 당사자인 연준의장도 못 맞히는 것을 내가 맞힐 수 있다고 생각하는 사람은 없을 텐데 사람들은 맞히려 노력하고 예측에 기반해서 주식을 매매합니다.

투자 성공을 결정짓는 것은 타이밍이 아니라 시간입니다. 주식을 아주 좋은 가격에 매도하는 것은 제 경험상 거의 불가능합니다.

그런데 좋은 가격에 사는 것은 가능합니다. 동시에 모든 투자는 내가 얼마나 정확히 이해하고 알고 시작하느냐에서 성공과 실패가 결정된다고 해도 틀리지 않을 겁니다.

어떤 사람은 애플에 투자해서 큰돈을 벌지만 어떤 사람은 애플에 투자했음에도 돈을 벌지 못합니다.

한 사람은 애플의 사업구조와 성장을 정확히 이해했기 때문에 주식 매수 타이밍이 아니라 시간에 투자해서 수익을 얻었고 다른 한 사람은 애플의 사업구조는 이해하지 못한 채 주식이 오르고 내리는 타이밍에 집중했기 때문에 좋은 기업에 투자했음에도 돈을 벌지 못했습니다.

① 빨리 부자가 되고 싶은 욕심

돈 버는 주식은 따로 있다

② 그 욕심으로 인해 맞힐 수 없으면서도 예측을 기초로 하여 투기하
  는 사람
③ 비쌀 때 사서 쌀 때 팔고 싶은 인간의 본성

주위에 이런 사람들이 많을 겁니다.
사람의 본성은 쉽게 바뀌지 않습니다. 모든 사람이 다 할 수 있지만 아
무나 할 수 있는 것도 아닐 겁니다.
그리고 사람을 설득하고 생각을 바꾸는 것은 대단히 힘든 일입니다. 나
스스로가 제일 똑똑하다고 생각하며 살아가니까요.

타인을 설득하고 생각을 바꾸게 할 필요는 없을 겁니다.
그것은 매우 어려운 일이니까요.

이 글을 읽는 몇 안 되는 분들만이라도 현명한 투자자가 되어서 장기적
인 복리수익을 얻으며 경제적 자유를 얻길 바랄 뿐입니다.

2030에게 드리고 싶은 이야기가 있습니다.

동의하실지는 모르겠지만, 세상은 날이 갈수록 투명해지고 기회는 공정하게 배분되어가고 있습니다.

사회 일부분에서는 반칙이 있는 것이 사실입니다.

인사청탁과 부조리도 존재합니다. 하지만 과거보다는 현저히 낮아지고 있고 이런 일은 어느 시대나 어느 국가나 항상 있는 일입니다.

그럼에도 과거보다 사회가 투명해지고 있고 기회가 더 많아지고 있는 것은 분명한 사실입니다.

사회가 투명해지고 체계가 잘 잡혀가기 때문에 백화점과 마트에 입점 여부 결정을 혼자 결정하는 경우는 잘 없습니다.

얼마 전 '백종원의 골목식당'에서도 함박스테이크집이 하남 스타필드에 입점하였는데 청탁이 아니라 스타필드에서 먼저 제안을 해서 입점하였습니다.

IMF 이전에는 청탁과 부조리가 많았지만, IMF 이후 한국 사회가 조금씩 변하기 시작했습니다.

청탁을 통해 학연, 지연으로 들어갈 수 있는 자리는 대부분이 그냥 그런 자리입니다.

주 피디의 말대로, 청탁으로 조기축구는 들어갈 수 있어도 레알마드리드는 청탁으로 못 들어갑니다.

저는 '아프니까 청춘이다.' 이런 말을 하는 것이 아닙니다.
시간이 지날수록 세상이 투명해지고 기회가 한쪽으로만 치우치지 않고 균등하게 배분되는 것이 보이기 때문에 근거 있는 희망의 이야기를 드리는 겁니다.

과거에는 현우진, 이지영, 정승제 등 최고의 강사들 강의를 들으려면 강남에 사는 사람들 중심으로 돈 많은 사람들 순서로 듣고 공부할 수 있었고 시험 유형과 기출문제 등 이런 정보들도 강남 사는 사람들 중심으로 부유층들이 대부분 가질 수 있었습니다.
하지만 지금은 인터넷의 보급으로 전라도, 경상도, 강원도, 심지어 제주도의 한라산 꼭대기에서도 자기가 마음만 먹으면 공부할 수 있는 시대가 되었고 대한민국 1등 강사들의 강의도 저렴한 가격에 부담 없이 들으며 공부할 수 있습니다.

공무원 채용도 과거에는 청탁으로 많이 이루어졌습니다.
지금은 어렵습니다. 부정청탁으로 사람을 채용했다가 걸리면 옷 벗어야 합니다. 그리고 그 일은 몇 시간 안에 대한민국 국민 중 절반이 알게 됩니다.

가난을 극복하는 유일한 방법은 땀 흘리는 것이라고 생각합니다. 그리고 땀 흘려서 얻은 소득을 현명하게 잘 운용한다면 우리 모두 풍요로운 삶을 살 수 있습니다.

지금은 허리 안 펴고 하루 종일 낫 들고 벼를 베어야 하지만, 자본이 쌓이고 그 자본이 커지면 트랙터를 사서 5,000평이 넘는 논의 벼를 하루에 베어버리는 사람이 될 것입니다.

안성운